Jochen Ditschler

Frankfurt en DÉTAIL

Stadtspaziergänge
zwischen Kultur und Geschichte

Henrich Editionen

Vorwort

Was fällt Ihnen spontan zu Frankfurt am Main ein? Banken und das große Geld? Die Skyline? Flughafen, Messe oder Euro? Dom, Alte Oper und Römer? Drogen und das Bahnhofsviertel? Oder vielleicht sogar die SGE, FSV und FFC?

Alles ist richtig und doch gibt es so viel mehr in Frankfurt zu entdecken. Und das müssen nicht immer die ganz großen und bekannten Sehenswürdigkeiten sein. Viel Schönes und Geschichtsträchtiges schlummert im Verborgenen abseits der Wege und offenbart sich oft erst auf dem zweiten Blick.

Ist Ihnen in der Mainmetropole schon einmal die Francofurtia begegnet? Wissen Sie, dass im ältesten Frankfurter Museumsgebäude inzwischen vorzugsweise Techhouse-Parties stattfinden? Dass der Löwe auf dem Hessendenkmal aber auch gar nichts mit dem hessischen Wappentier zu tun hat? Dass man am wechselhaften Schicksal von Georg Kolbes Heine-Denkmal im Anlagenring die dunkelste Phase deutscher Geschichte nachlesen kann? Und dass in einem Frankfurter Stadtteil nur wenige Meter voneinander entfernt zwei Rathäuser eines Jahrhunderte lang geteilten Ortes stehen?

Auf den folgenden Seiten werden diese kleinen Rätselfragen aufgelöst und viele sehenswerten Details in Bild und Wort nähergebracht. Dieses Buch erhebt dabei keinen Anspruch auf Vollständigkeit, und letztlich liegt die Schönheit ja auch immer im Auge des Betrachters. Einige Routen kann man zu Fuß erkunden, die meisten funktionieren aber noch besser mit dem Rad, denn bei knapp 250 km² Stadtfläche können die Strecken manchmal ganz schön lang werden. Neben den Adressdaten finden Sie zu den Routenstationen auch die Koordinaten mit Breiten-/Längengrad (in Dezimalschreibweise), so ist also auch „kulturelles Geocaching" möglich. Den Routen liegt meistens ein Thema zugrunde, aber Sie können die Reihenfolge auch nach Belieben locker ändern, einzelne Stationen auslassen oder zwischen den Routen hin- und herwechseln. Und ich bin mir sicher, Sie werden manchmal ganz schön überrascht sein, wenn Sie beim nächsten Sonntagsausflug durch Frankfurt einmal die gewohnten Wege verlassen. Es lohnt sich, versprochen!

Viel Spaß beim Entdecken.
Jochen Ditschler

Inhalt

Vorwort	4
Karten	8
ROUTE A	12

Frankfurts Keimzelle rund um Römer und Dom

EXKURS 1	26

Im Zeichen des Adlers

ROUTE B	30

Häuserschau Teil 1
Herrschaftliche Bauten in der City und am Mainufer

ROUTE C	44

Route der Erinnerung – Teil 1
Denkmäler und Brunnen in der City und den Wallanlagen

EXKURS 2	58

Auf den Spuren der Francofurtia

ROUTE D	62

Leben wie Gott in Frankfurt – Religiöse Orte

ROUTE E 74
Häuserschau Teil 2
Herrschaftliche Bauten in der übrigen City

ROUTE F 88
Häuserschau Teil 3
Fachwerkidylle in Frankfurt

EXKURS 3 98
Drinnen und draußen
Reste der alten Stadtbefestigung

ROUTE G 102
Route der Erinnerung – Teil 2
Zu Besuch bei den Toten

Quellenverzeichnis 122

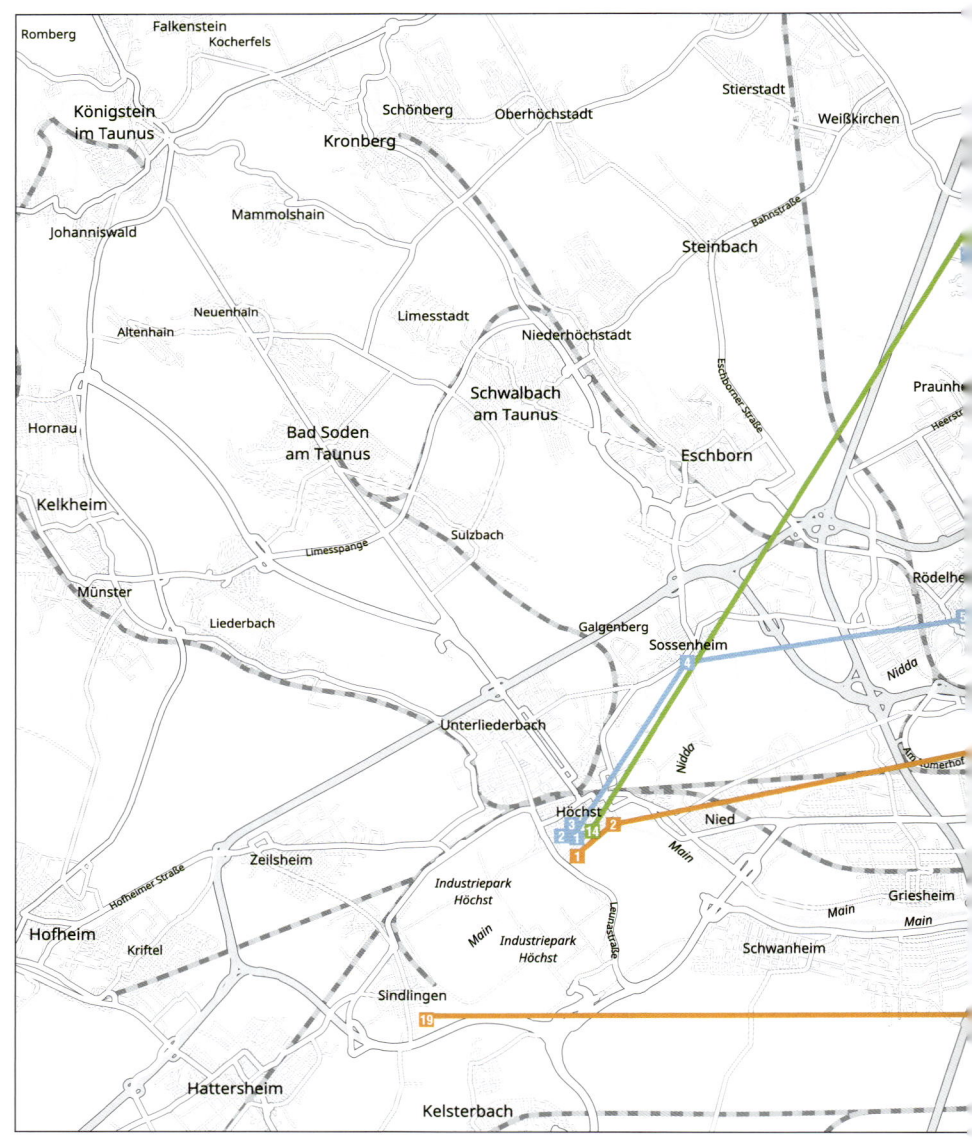

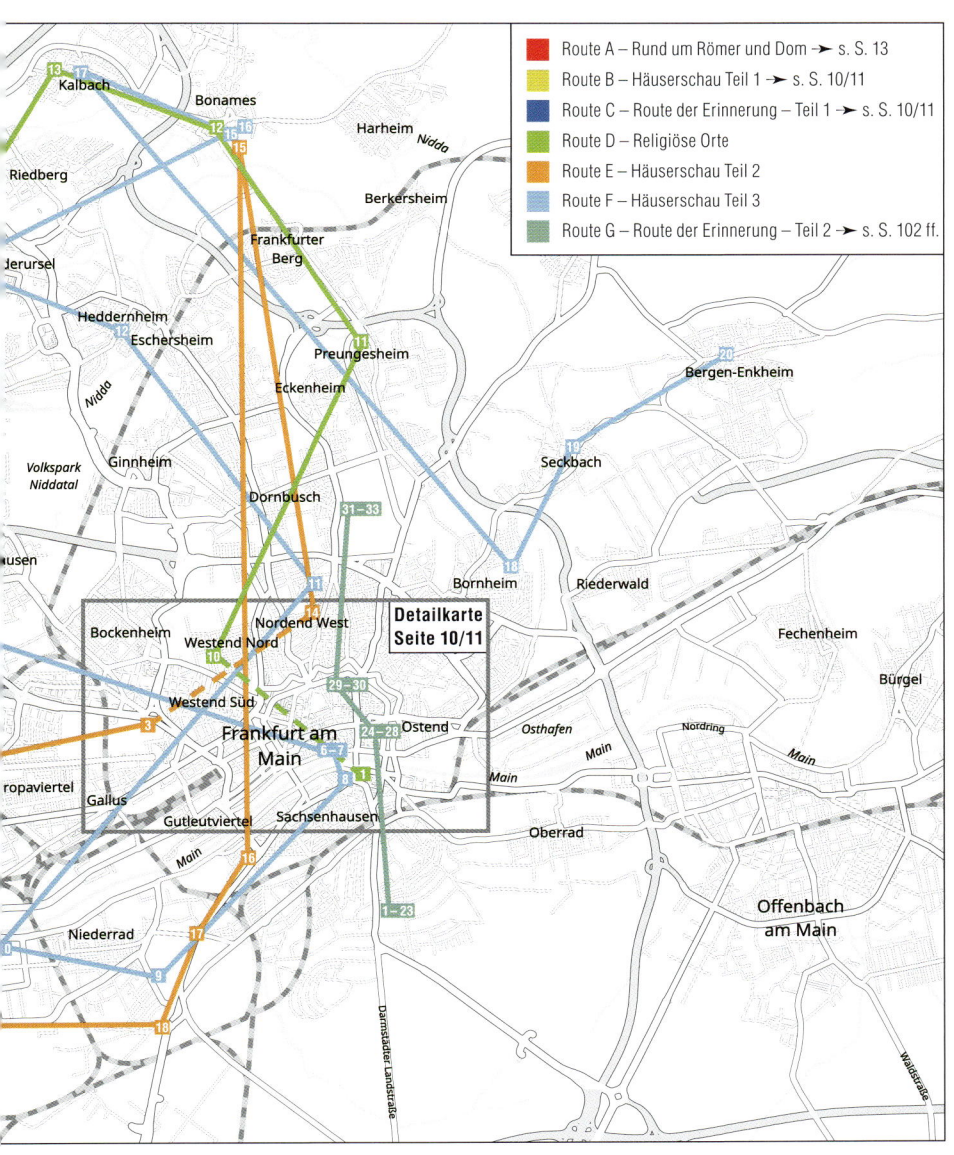

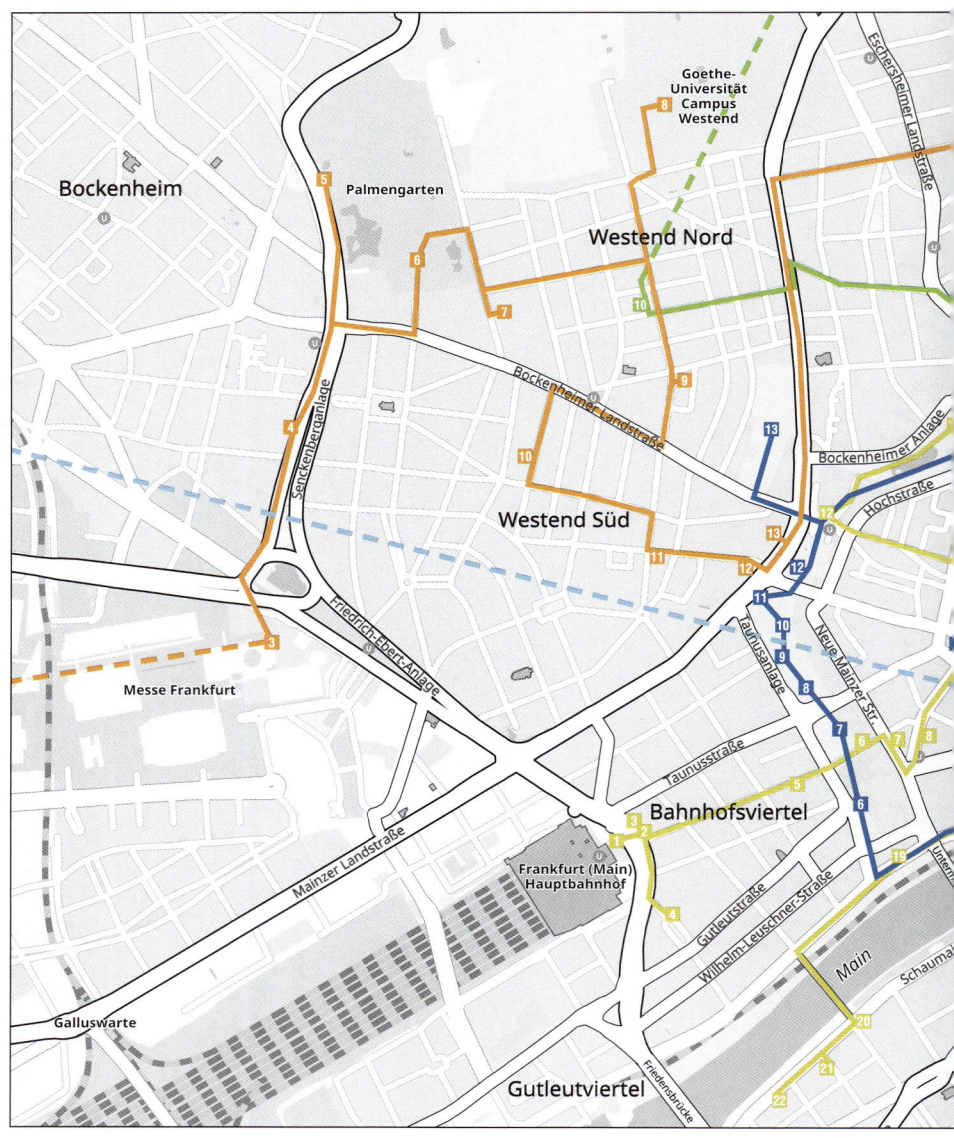

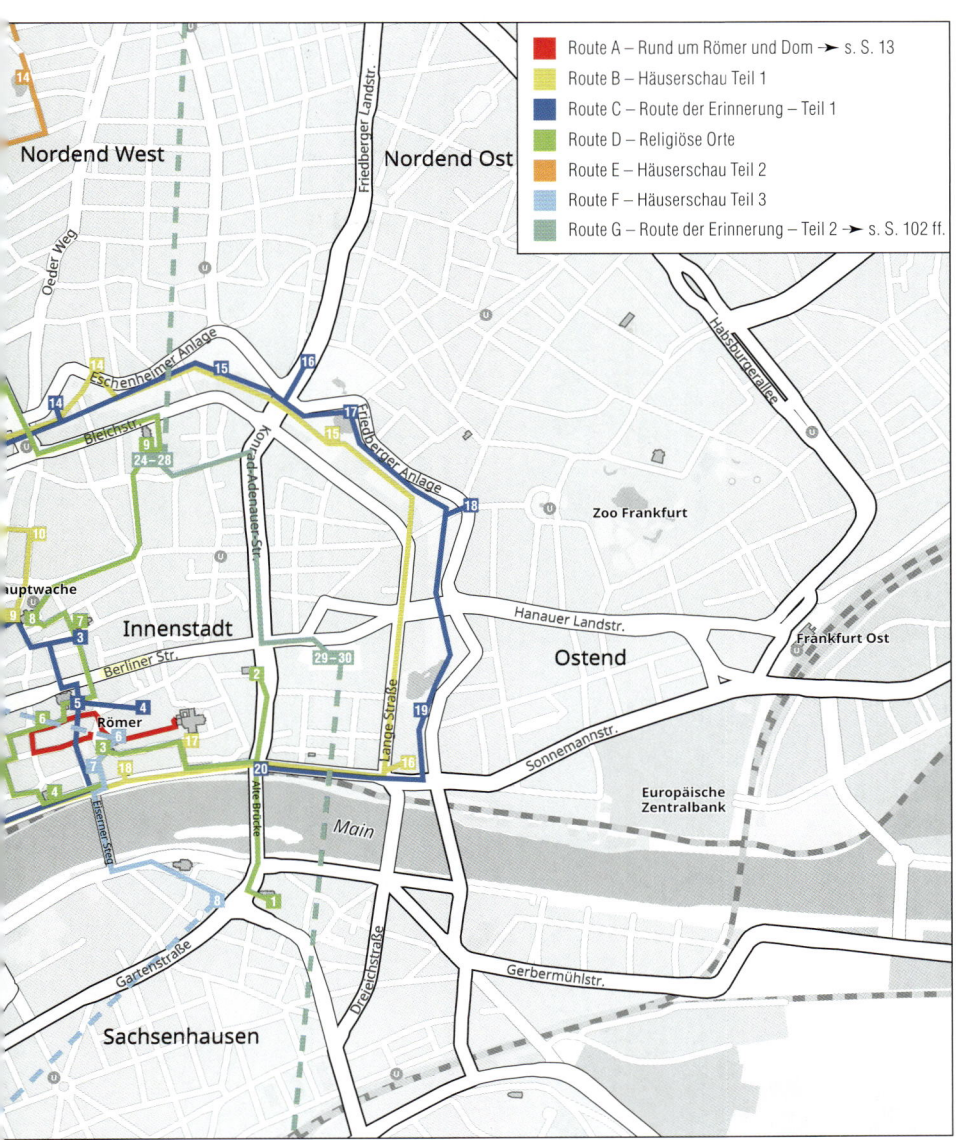

Route A

Die Highlights einmal anders:

Frankfurts Keimzelle rund um Römer und Dom

FUSSWEG
STRECKENLÄNGE: ca. 750 Meter
START- UND END-HALTESTELLE: U-Bahn Dom/Römer

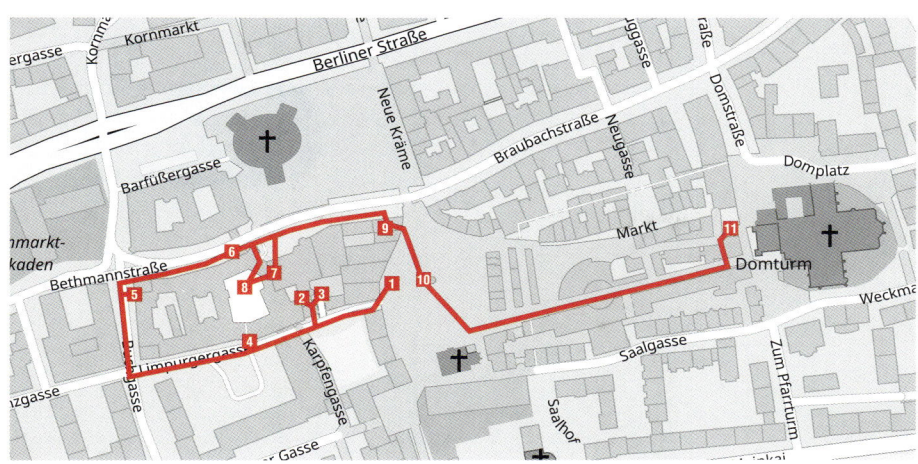

1: 50.110473, 8.6819159
**Römer / Altes Rathaus
Römerberg**
Baujahr: Ab 1405, 1896 bis 1908
Fassadendetails, Römer/Schwanenhalle

Tagtäglich bevölkern Touristen aus aller Herren Länder Frankfurts historisches Epizentrum, und doch kann man am Römer magische Momente erleben. Gerade wenn an einem frühen Sommermorgen das Licht der aufgehenden Sonne die Römerfassade leuchten lässt, behauptet Frankfurts „gudd Stubb" trotz aller baulichen Änderungen über die Jahrhunderte hinweg ihren festen Rang in der Hitliste Europas schönster Plätze.

Zunächst ein paar Daten aus der komplizierten Baugeschichte des Römers im Schnelldurchlauf: Nachdem das Vorgängerrathaus auf dem Domhügel baufällig geworden war, beschlossen die Frankfurter Stadtväter im Jahr 1405 statt eines pompösen Neubaus den Ankauf zweier Kaufmannshäuser, des Römers und des Goldenen Schwans, und bauten sie zum neuen Frankfurter

Route A: Rund um Römer und Dom

Rathaus um. Im Erdgeschoss mit großen Messehallen (die heute noch weitgehend original erhaltene Römer- und Schwanenhalle) versehen, trug man im Obergeschoss dicker auf mit einem großen Festsaal für offizielle Events rund um Kaiserwahl und -krönung, den Kaisersaal. Komplettiert wurde das Ensemble durch die Häuser Alt-Limpurg, Frauenstein und Salzhaus, mit dem die Stadtväter im Laufe der Jahrhunderte immer wieder auf die räumliche Enge im Rathausensemble reagierten. Die letzte große Erweiterung erfolgte in den Jahren 1900 bis 1908. Nach Plänen von Ludwig Neher und Franz von Hoven wurden über 19 Parzellen hinweg Altstadthäuser abgebrochen und auf den frei gewordenen Grundstücken zu beiden Seiten der Bethmannstraße das Alte Rathaus mitsamt Bürgersaalbau errichtet, das sich vom Look allerdings den historischen Vorgaben anpasste.

Verweilen wir noch ein bisschen an der bekannten Fassade. Über dem Balkon, der trotz ehrwürdigem Look mit seinem gotischen Zierrat erst bei den grundlegenden Umbauten um 1896/97 an den Kaisersaal angesetzt wurde, sind vier deutsche Kaiser zu sehen, die alle eng mit Frankfurt verbunden sind: Ganz links Friedrich II. Barbarossa [1], der erste deutsche Kaiser, der 1152 in Frankfurt gewählt wurde, Ludwig der Bayer [2], der Gründer der Frankfurter Frühjahrsmesse, Karl IV. [3], Schöpfer der Goldenen Bulle, der Frankfurt 1372 den Titel der freien Reichsstadt verlieh und schließlich Maximilian II. [4], der erste Kaiser, der 1562 im Frankfurter Dom die Krone aufgesetzt bekam. Die Kaiserskulpturen gehen, wie im Übrigen viele Skulpturen im Römerareal, auf das Konto von Josef Kowarzik und Friedrich Christoph Hausmann. Rund um das Jahr 1900 verwandelten sie und knapp zwei Dutzend weiterer Künstler aus dem Umfeld der Städelakademie das Areal mit insgesamt 500 Skulpturen in eine wahre Freiluftgalerie, bei denen sich der eine oder andere bekannte Frankfurter des ausgehenden 19. Jahrhunderts auch wiedererkannt haben dürfte.

2: 50.1103392, 8.6812036

Lauscher / Römerhöfchen / Herkulesbrunnen

Ganz links an der Hausecke Alt-Limpurg-Hauses zu Füßen der Francofurtia (→ siehe Seite 58) beginnt unser Streifzug zu den verborgenen Schätzen rund um Römer, Altes und Neues Rathaus. Direkt hinter der Hausecke findet sich an einer Fensterkonsole eine ironische Darstellung des um 1900 stadtbekannten Lokalreporters Friedrich August Müller-Rentz, Sinnbild des investigativen Journalismus.

Wenige Meter weiter geht es schon in den ersten Innenhof des Rathausareals, dem sogenannten Römerhöfchen, von hier ist auch der Zugang zum Kaisersaal möglich. Der Innenhof ist mit seinem Treppenturm aus der Zeit des dreißigjährigen Krieges und dem Herkulesbrunnen von Josef Kowarzik (1901) eine der schönsten geheimen Frankfurter Ecken.

3: 50.110379, 8.681334
Kaisersaal (Aufgang im Römerhöfchen)

Den Kaisersaal kennt zwar irgendwie jeder von Empfängen und Feierstunden, aber selbst alteingesessene Frankfurter waren kaum drin. Ausgesprochen schade, denn nur hier kann man die mit 52 Bildnissen weltweit einzige komplette Galerie aller deutschen Kaiser in Überlebensgröße bewundern. Seit 1612 spielte der Ratssaal als Bankettraum im Rahmen der Kaiserkrönungen eine zentrale Rolle. Nach dem Ende des Deutschen Reiches 1806 unter Napoleon war es der Städeldirektor Philipp Veit, der den Saal ab 1830 mit befreundeten Künstlern wie Johann David Passavant, Edward Jakob von Steinle, Karl Ballenberger oder Moritz Daniel Oppenheim und dank großzügiger Stiftungsgelder von Frankfurter Bürgern und Fürsten des Deutschen Bundes im Geiste des aufkeimenden Nationalgefühls malerisch aufpolierte. Auch wenn vieles der imperialen Ausstattung im zweiten Weltkrieg unwiederbringlich verloren ging: Die in einem nordhessischen Bunker ausgelagerten Gemälde konnten bei der vereinfachten Rekonstruktion ab 1955 wieder an Ort und Stelle aufgehängt werden. Das größte Bild im Kaisersaal an der Stirnseite ist natürlich dem Stadtpatron Karl dem Großen vorbehalten, ein vom Frankfurter Kunstverein gestiftetes Werk von Philipp Veit.

4: 50.110076, 8.680545
(Karl der Große),
50.109992, 8.679653
(Flussgott) und
50.110093, 8.6803417
(Rat aus Rathaus)

Karl der Große und andere Skulpturen
Limpurger Gasse und Buchgasse

Und wer den sagenhaften Stadtgründer Karl den Großen (747 - 814) draußen an der Römerfassade vermisst hatte: An der Südseite des Rathauskomplexes zur Limpurger Gasse hin bewacht der vom Frankfurter Bildhauer und Städelschüler Karl Rumpf gestaltete „Überkaiser" mit strengem Blick den Zugang in den größten Innenhof des Rathauskomplexes.

Wir folgen weiter der Limpurger Gasse. Dort sorgt der gereimte Sinnspruch „Geht Dir Rat aus – Geh aufs Rathaus" seit über 115 Jahren für mehr Serviceorientierung im öffentlichen Dienst. Dass man in Amtsstuben auch schon um 1900 mit vollem Einsatz telefonierte, beweist wenige Meter weiter eine der fünf Konsolenfiguren im zweiten Obergeschoss, die verschiedene technische

Berufe darstellen. Um die Ecke in der Buchgasse hat sich der kupferne Flussgott Main dekorativ mit Fischen und Aquaputten gebettet, ein Werk von Wilhelm Maus und Friedrich Krieger. Ein paar Schritte weiter finden sich weiter oben neben drei Ständedarstellungen fünf für Frankfurt wichtige Künstler. Dazu gehören von links Frankfurts Lokaldichter Friedrich Stoltze, Kaisersaal-Maler Philipp Veit, der Börsen-Architekt Rudolf Heinrich Burnitz, Bildhauer Eduard Schmidt von der Launitz und Volkschauspieler Friedrich Samuel Hassel in seiner Paraderolle als Hampelmann.

5: 50.110420, 8.679553

Langer Franz

Der Blick nach oben lohnt sich auch beim zweiten Teil der Runde, wenn man am Ende der Buchgasse zu Füßen des nach dem ehemaligen Oberbürgermeister Franz Adickes benannten Rathausturm „Langer Franz" nach rechts in die Bethmannstraße einbiegt. Der leider im Krieg arg ramponierte Turm war bei seiner Errichtung 1900 bis 1904 aufgrund einer aufwändigen Dachkonstruktion gute zehn Meter höher und damit lange Zeit der höchste profane „Wolkenkratzer" der Stadt. An der Ost- und Westseite finden sich Glasmosaiken von Robert Forell und Karl Graetz, die den heiligen Florian und Erzengel Michael darstellen.

Route A: Rund um Römer und Dom

6: 50.110648, 8.680608
Nordfassade / Seufzerbrücke

Einige Meter weiter markiert den Eingang zum Südbau ein an Renaissance-Zeiten gemahnendes Portal mit zwei historischen Frankfurter Stadtbaumeistern, Johann Wilhelm Dilich und Konrad Koler. Spätestens unter der Seufzerbrücke mit den Atlanten von Ernst Rittweger und Augusto Varnesi ist man stilistisch im Neobarock angekommen. Das gilt besonders für den links hinter der Brücke liegenden Nordbau direkt neben der Paulskirche, dessen Portal mit Francofurtia umrahmt von Voraussicht und Sparsamkeit (alle von Franz Krüger) perfekt zu den Aufgaben der dort beheimateten Kämmerei und Stadtkasse passt. Auf der anderen Seite der Bethmannstraße thront der Renaissance beeinflusste Bürgersaalbau mit der zweitschönsten Fassade des Römerkomplexes. Die bildhauerische Vielschichtigkeit ist beeindruckend, und so bekommt man neben allegorischen Frauenfiguren zwischen Kunst, Klugheit, Gerechtigkeit, Handel oder Eintracht auch noch heitere Kneipenplastiken wie beim Ratskeller-Portal (von Gustav Herold) oder tierische Szenen mit Reineke Fuchs geboten.

7: 50.110566, 8.680816
Ratskeller / Kapellchen

Apropos Ratskeller: Das leider nur bei Veranstaltungen zugängliche gotische Gewölbe hat als einer der wenigen Repräsentationsräume den Krieg im Originalzustand überdauert. Die vom Frankfurter Städelmaler Joseph Correggio 1904/05 mit viel Lokalkolorit gestalteten Fresken lassen das alte Frankfurt in prallen Farben wieder auferstehen, und in der „Kapellchen" genannten Vorhalle prangt mit dem repräsentativen Glasfenster „Blüte der Arbeit im Gefolge des wahrhaften Friedens" von Albert Lüthi der deutsche Beitrag zur Pariser Weltausstellung von 1900, der drei Jahre später nach Frankfurt kam. Den Raumschmuck komplett machen musizierende Engel von Heinz Weitzel und vier Phantasiestatuen mittelalterlicher Baumeister (unter anderem auch Madern Gerthener) am Mittelpfeiler.

8: 50.110373, 8.680563
Innenhof

Beim Verlassen des Ratskellers kommt man in den größten Innenhof des Rathauskomplexes, der ganz im Zeichen des Genusses stehet. Die beiden Großmosaiken des Amorbacher Malers Max Georg Rossmann mit der Hochheimer Traubenlese und einer Apfelernte illustrieren gleich zwei Frankfurter Lieblingsgetränke. Unter den Mosaiken finden sich an den Torbögen illustre Gestalten aus dem Latern-Satiremagazin von Friedrich Stoltze, der Kannix und Davidsburg. Außerdem in Überlebensgröße mit dabei: Stadtchronist August Achilles von Lersner und der Grafiker Matthäus Merian der Ältere, hier porträtiert vom Frankfurter Bildhauer Heinrich Petry.

Route A: Rund um Römer und Dom

9: 50.110791, 8.681914
Salzhaus

Zurück in der Bethmannstraße machen wir noch kurz Station am Salzhaus, um die Runde um den Römer wieder am Ausgangspunkt zu beenden. Hier ließ das Bombardement des zweiten Weltkrieges nur das steinerne Erdgeschoss eines der schönsten Renaissancegebäude in Deutschland übrig. An den stark vereinfachten modernen Aufbauten der 1950er-Jahre schieden sich seit jeher die Geister. Immerhin: Sechs originale Holzrelieftafeln des Bildhauers Johann Michael Hocheisen aus dem Jahre 1595 mit Darstellungen der Jahreszeiten zieren immer noch das Gebäude. Auch das Glasmosaik „Phönix aus der Asche" von Wilhelm Geißler (1955) gehört zur Kunst „made in Frankfurt" einfach dazu, zumal Parallelen zum Frankfurter Stadtadler sicherlich nicht ganz unbeabsichtigt sind.

10: 50.110362, 8.682139
Justitiabrunnen
Baujahr: 1611, 1887

Nach dem Rundgang am Römer ist es nun an der Zeit, dem wohl berühmtesten und meist fotografierten Brunnen Frankfurts einen Anstandsbesuch abzustatten. Vor der Fachwerkkulisse der rekonstruierten Römer-Ostzeile sieht die Grande Dame der Gerechtigkeit einfach klasse aus. Den Brunnen gibt es schon seit 1543, die jetzige steinerne Fassung stammt von 1611. Die im 19. Jahrhundert ziemlich in die Jahre gekommene Steinskulptur der Justitia, der zudem auch noch der Arm mit Waage fehlte, wurde auf Kosten des Weinhändlers Gustav Manskopf vom Städelschüler und Bildhauer Friedrich Schierholz 1887 durch eine Bronzeversion ersetzt. Die Reliefs der Tugenden Caritas (Liebe), Spes (Hoffnung), Temperantia (Mäßigung) und noch einmal Justitia wurden in diesem Zusammenhang ebenfalls in Metall ausgeführt. Aber auch diese Justitia hat bereits bewegte Zeiten hinter sich: Die US-Besatzer holten die Skulptur 1945 als Symbolfigur in ihr Hauptquartier und gaben sie erst zwei Jahre später auf ihren alten Platz zurück. Außerdem mopsten 2006 im Rahmen der Fußball-WM britische Fans für kurze Zeit das Schwert. Die schönste Zeit für einen Besuch der Justitia ist definitiv während des alljährlichen Mainfestes im August: Umrankt von Reben, wird an die Public-Drinking-Tradition des Brunnens erinnert, floss doch während der Feierlichkeiten rund um die Kaiserwahlen Wein statt Wasser aus den Brunnenhähnen.

11: 50.110849, 8.684979

Dom

Baujahr: Ab 1250 bis 1514, Ende des 19. Jahrhunderts

Vom weltlichen zum geistlichen Zentrum der freien Reichsstadt Frankfurts sind es nur wenige Schritte, die auch von den gekrönten Häuptern nach der Wahl im Römer zu Fuß auf dem sogenannten Krönungsweg zurückgelegt wurden. Obwohl es inzwischen höhere Bankentürme in der Skyline gibt, hat sich der Kaiserdom St. Bartholomäus seinen festen Platz in der Stadtsilhouette erhalten. Der Name Dom ist dabei so ein bisschen Etikettenschwindel, war doch hier nie ein Bischof zu Hause, aber für die Krönungen zwischen 1356 und 1792 klang Dom einfach majestätischer. Mit der von Friedrich II. Barbarossa an den Main gebrachten Hirnschale des Jesus-Jüngers und Märtyrers Bartholomäus hatte man außerdem eine Reliquie erster Klasse zu bieten. Wenn man das rechte Seitenschiff der recht eigentümlich als Kreuz aufgebauten Kirche verlässt, kommt man in die heute ziemlich bescheiden anmutende Wahlkapelle und kann den kaiserlichen Spirit meist für sich und im Stillen genießen.

Das heutige Kirchengebäude ist der fünfte Bau an dieser Stelle und ein ziemliches Sammelsurium der Gotik, entstand er doch in seinen wichtigsten Teilen in gut 250 Jahren zwischen 13. und 16. Jahrhundert. Naja, strenggenommen eigentlich so richtig neu erst nach dem großen Dombrand 1867, aber selbst berühmte Kathedralen wie der Kölner Dom haben ja einen nicht unerheblichen neugotischen Anteil. Vor allem die Innenausstattung wurde bei diesem Brand fast komplett ein Raub der Flammen. Aber der damalige Stadtpfarrer Münzenberger, im Dauerclinch mit Dombaumeister Denzinger und den preußischen Stadtherren, kaufte aus Dorfkirchen und Speichern den Altarbestand neu zusammen und schuf so wieder ein historisch stimmigeres Bild.

Kaiserportal, Vorhalle

Das prächtige Nordportal am Querhaus (um 1350) [1], durch das auch die Kaiser und Könige in den Dom kamen, kann man nur noch von außen bewundern. Der heutige Zugang zu Füßen des Turms ist einer der jüngsten Bauteile, wurde die Vorhalle doch erst in den 1880er-Jahren an den Dom angesetzt. Zwei Dinge sind hier sehenswert: Auf der rechten Seite befindet sich der letzte erhaltene Barockaltar des Frankfurter Doms, der 1728 gestiftete Maria-Himmelfahrt-Altar [2]. Vor dem Betreten des eigentlichen Kircheninneren lohnt ein Blick nach oben, hat doch hier der mittelalterliche Baumeister Madern Gerthener rund um das Jahr 1422 über das nördliche Turmportal ein filigranes spätgotisches Maßwerkgewölbe an die Decke gezaubert.

Backoffen-Gruppe, Langhaus

Durch die Turmhalle, in der eine vom Frankfurter Kaufmann, Bürgermeister und Kunstmäzen Jakob Heller gestiftete Kreuzigungsgruppe des Mainzer Bildhauers Hans Backoffen (1509) steht [3], betritt man das intensiv rot leuchtende Langhaus [4]. Das 1250 bis 1269 erbaute Kirchenschiff ist ziemlich kurz geraten, da es im Mittelalter Zoff mit den Nachbarn gab, die gegen die Ausdehnung des Langhauses ihr Veto einlegten, so dass die Kirche eher in die Breite wuchs. Trotzdem beeindruckt die zentrale Achse des Doms auch heute noch als einer der frühesten gotischen Kirchenbauten Deutschlands.

Grabsteine und Ausstattung

Die zahlreichen Grabsteine an den Wänden von Langhaus und Querschiff sind die beste Möglichkeit, persönlich „Aug' in Aug'" einigen Frankfurter der Geschichte zu begegnen. Wertvollstes Stück im Langhaus ist das Grabmal des 1518 verstorbenen Ratsherrn Andreas Hirde [5], ein Werk der niederländischen Frührenaissance. An der Westwand des nördlichen Querhauses finden sich unter anderem die Gräber des 1371 gestorbenen Friedberger Burggrafen und Frankfurter Stadtschultheißen Rudolf von Sachsenhausen [6] sowie eine der wichtigsten Patrizierfamilien, Johann von Holzhausen samt Ehefrau Gundula Goldsteyn (spätes 14. Jahrhundert) [7]. Oben an der Wand hängt noch ein großformatiges Kreuzabnahme-Gemälde des Rubens-Kumpels Antoon van Dyck.

Mariaschlaf-Altar

Eine der wenigen „echt alten" Ecken des Doms, der weder Brand noch Krieg etwas anhaben konnte, ist die Maria-Schlaf-Kapelle mit dem gleichnamigen Altar aus dem Jahr 1438. Der Altar zeigt die verstorbene Maria im Kreis der Apostel und ist eines der schönsten Werke der mittelrheinischen Spätgotik. Der Künstler des Altars ist zwar unbekannt, aber dafür kennen wir die Stifter, die Frankfurter Familie von Werstatt. Und da an den Kapellenwänden die Wanddeko und ein Fenster aus dem 19. Jahrhundert erhalten blieb, erhält man hier den besten Eindruck des Dom-Raumgefühls vor den Zerstörungen des zweiten Weltkriegs.

Route A: Rund um Römer und Dom

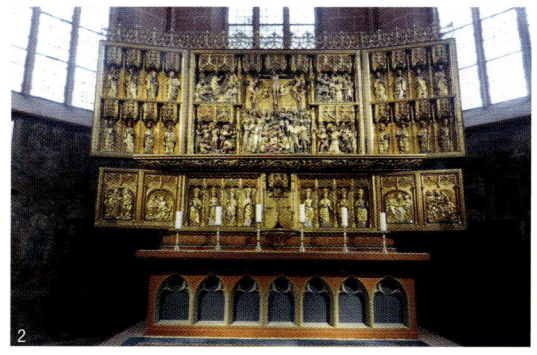

Hoher Chor / Chorgestühl

Auch der Hohe Chor blieb von Brand- und Kriegszerstörungen weitgehend verschont und kann mit hochgotischem Flair punkten, zumal er von Beginn an höher, breiter und länger als das Mittelschiff konzipiert war. Der Hochaltar [2] stammt in seinem Hauptteil ursprünglich aus dem altmärkischen Salzwedel (Mitte des 15. Jahrhunderts) und wurde im 19. Jahrhundert zusammengekauft, aber Chorgestühl [3] und Bartholomäusfries zu Ehren des Dom-Apostels [1] sind noch originale Bausubstanz aus dem 14./15. Jahrhundert. Gerade hier im Chor ist der 1165 heilig gesprochene Karl der Große als zweiter offizieller Stadtpatron Frankfurts an mehreren Stellen zu sehen. Hier findet man auch den Atzmann, das Sakramentshäuschen aus der Schule des Dombaumeisters Madern Gerthener und das Grab des einzigen in Frankfurt begrabenen deutschen Königs, Günther von Schwarzburg (um 1350) [4].

Turm

Das eigentliche Meisterstück Madern Gertheners ist der Domturm, auch wenn Gerthener die Vollendung des Turms nie miterleben durfte. Aber dieses Schicksal teilt er ja mit den meisten mittelalterlichen Baumeistern. In den 15 Jahren vom Baubeginn bis zu Gertheners Tod im Jahr 1430 standen immerhin zwei Geschosse. Die originale Architekturzeichnung des Meisters von 1415 gehört jedenfalls zu den bestgehüteten Schätzen des Frankfurter Historischen Museums und gab den Masterplan für die kommenden Jahrhunderte vor, auch wenn die Bauarbeiten 1514 zunächst eingestellt wurden. Den letzten Schliff bekam der Turm deshalb erst nach dem Dombrand zwischen 1869 und 1877, als man die ursprünglich geplante Dachkrone erstmals in die Tat umsetzte und der Turm mit 94,80 Meter seine endgültige Höhe erreichte. Ganz so hoch kommt man zwar heute nicht, aber nach 328 Stufen und 66 überwundenen Höhenmetern bewundern die meistens ziemlich abgekämpften Besucher das wahrscheinlich schönste Panorama der Stadt.

Exkurs 1:

Im Zeichen des Adlers

Der Frankfurter Stadtadler im Stadtgebiet

Frankfurter zu sein war schon seit jeher mehr als die bloße Tatsache der Herkunft, sondern eine Frage des Selbstverständnisses. Immerhin hatten Frankfurter Bürger bis ins 19. Jahrhundert hinein den Luxus, sich als Bewohner einer freien Reichsstadt nicht mit Grafen und Fürsten herumärgern zu müssen. Sie waren stattdessen direkt dem deutschen König oder Kaiser unterstellt, der auch noch in Frankfurt den Titel erhielt. Irgendwie verständlich, dass hier der Lokalpatriotismus besondere Blüten trieb, und dass nicht erst seit Friedrich Stoltzes berühmten Frankfurt-Lied aus dem Jahr 1880. „Es is kaa Stadt uff der weite Welt, die so merr wie mei Frankfort gefällt, un es will merr net in mein Kopp enei, wie kann nor e Mensch net von Frankfort sei!"

Frankfurts Wappentier ist der Adler. Dass die Mainstädter gerade dieses Tier wählten, war kein Thema der heimischen Vogelzucht, sondern hatte natürlich mit dem Reichsadler zu tun, der als Königszeichen seit der ersten Hälfte des 13. Jahrhunderts auf den Siegeln der Frankfurter Gerichtsbarkeit erschien. Mit der Ernennung von Frankfurt zur Reichsstadt im Jahr 1372 übernahm der Stadtrat den Adler ins Wappen und zog unter diesem Banner 1389 in die Schlacht gegen die Ritter von Kronberg, die dann aber mit Pauken und Trompeten verloren ging. Spätestens seit dieser Zeit ist der nach links schauende weiße Adler auf rotem Grund das bekannteste Frankfurter Symbol ... von den Würstchen und der grünen Sauce einmal abgesehen, aber die kamen ja erst viel später.

1 Weingut, Stadt Frankfurt, Limpurger Gasse
2 Liebfrauenbergbrunnen
3 Römer
4 Dom – Wahlkapelle
5 Salzhaus, Römerberg 27 (vom Paulsplatz aus)

Exkurs 1: Im Zeichen des Adlers

1 Römer, Viola
2 Bockenheimer Landstraße
3 Amtskette
  (Protokoll, Stadt Frankfurt am Main)
4 Römer
5 Städtisches Weingut
6 Commerzbank-Arena (Waldstadion)

28 Exkurs 1: Im Zeichen des Adlers

Der schönste Frankfurter Stadtadler ist ein absolutes Unikat, wird in einem Tresor im Frankfurter Römer gelagert und nur zu besonderen Anlässen an seiner knapp ein Kilo schweren Kette ausgeführt. Die aus achtzehnkarätigem Gold bestehende Amtskette des Oberbürgermeisters wurde 1903 von der Firma Schürmann und Co. hergestellt und dürfte einen Wert im mittleren fünfstelligen Euro-Bereich haben.

Die Zahl der übrigen Adlerdarstellungen im Frankfurter Stadtgebiet vom Mittelalter bis zur Gegenwart hat noch keiner ermittelt, aber das dürfte locker in die Tausende gehen, und einige Exemplare des Stadtgeflügels werden Sie natürlich auch bei den Routen entdecken. Wobei sich manchmal selbst Heraldik-Experten schwertun dürften, gerade bei einfarbigen Reliefdarstellungen den Frankfurter Adler von „eingeplackten" Reichsadlern zu unterscheiden. Außerdem hat sich die Corporate Identity über die Jahrhunderte hinweg stets geändert. Die Krone auf dem Kopf war nicht immer da, dafür hatte der Adler im Gefieder manchmal ein F stehen, um allzu große Ähnlichkeiten mit dem polnischen Wappentier zu vermeiden.

Das vom Grafiker Hans Leistikow im Stil des Neuen Frankfurt entworfene gerupfte Huhn aus dem Jahr 1925 hat es dank vielfacher Proteste nicht zum offiziellen Stadtlogo gebracht, auch wenn es immer noch die Ehrenplakette der Stadt Frankfurt ziert. Dafür gibt es alle paar Jahre wieder Diskussionen um die „Modernisierung" des Stadtlogos mit mehr oder weniger

6

glücklichen Vorschlägen. Nur vor einem sei gewarnt: Wer lautstark den „Adler auf der Brust" besingt, sollte dabei nicht vergessen, dass man so Betrüger und Falschspieler im 16. Jahrhundert gebrandmarkt hat, wenn auch meistens auf die Stirn. Das wollen wir doch den Eintracht-Profis und Fans lieber nicht antun, oder?

Route B

Häuserschau Teil 1
Herrschaftliche Bauten in der City und am Mainufer

FUSS- ODER RADSTRECKE: ca. 9,5 km
STARTHALTESTELLE: Hauptbahnhof
ENDHALTESTELLE: U-Bahn Schweizer Platz

Frankfurts City ist im Kern immer noch eine Stadt der kurzen Wege, und so kann man in nicht einmal zwei Stunden dieses historische Kaleidoskop der Baustile durch Neustadt und Altstadt bequem zu Rad oder zu Fuß erkunden. Die vollständige Geschichte der Mainmetropole von den ersten Häusern rund um die Kaiserpfalz auf dem Domhügel zur Zeit Karls des Großen, der Gründung der Neustadt außerhalb der staufischen Stadtmauern im 14. Jahrhundert, die Zuwanderungen und ihre Auswirkungen auf das Stadtbild im Zeitalter der Reformation und die umgreifenden Neuplanungen der City im 19. Jahrhundert würde allein schon ganze Bücher füllen. Backen wir also lieber kleinere Brötchen, denn ohnehin ist es meistens besser, eine Stadt dadurch kennen zu lernen, dass man an einzelnen Stellen kleine Portionen sichtbarer Geschichte bewusster wahrnimmt. Manche Gebäude wie Alte Oper, Hauptwache oder Städel kennen Sie bestimmt und haben einen festen Platz im Frankfurter Stadtgedächtnis, manche architektonischen Schätze nimmt man nur auf den zweiten Blick wahr. Das gilt natürlich erst recht, wenn man wie viele Touristen von der beeindruckenden Skyline abgelenkt ist, die Frankfurts Stadtbild nach den Zerstörungen des zweiten Weltkrieges und den Zeiten des Wiederaufbaus fundamental veränderte.

1: 50.107271, 8.664249

Hauptbahnhof

Architekten: Hermann Eggert, Johann Wilhelm Schwedler
Baujahr: 1883 bis 1888, 1912 bis 1924

Eine Kathedrale aus Stein, Licht und Stahl, so präsentiert sich der Frankfurter Hauptbahnhof. Nach seiner Eröffnung war er gut 25 Jahre lang der größte Bahnhof Europas, heute machen hier täglich etwa 450.000 Reisende und 1.200 Züge Station. Die verglasten und 28 Meter hohen Stahlträgergewölbe der Haupthalle müssen schon zu Kaiser Wilhelms Zeiten schweren Eindruck gemacht haben. Der im Neorenaissance-Stil prunkvoll gestaltete Verkehrstempel zum Ruhm der Stadt Frankfurt, Hessens und des Deutschen Reiches wurde zu Beginn des 20. Jahrhunderts im Neoklassizismus erweitert – 24 Gleise machen halt mehr her als nur 18. Sehenswert ist außerdem die auf dem Dachfirst stehende und über sechs Meter hohe Bronze-Figurengruppe des Braunschweiger Bildhauers Gustav Herold. Sie zeigt Atlas mit der Weltkugel, begleitet von Dampf und Elektrizität (1889) und wurde im Jahr 2014 für ca. 200.000 Euro runderneuert. Für das Skulpturenpaar an der Fassadenuhr standen Michelangelos Gräber für die Medici in Florenz Pate. Die Allegorien von Tag und Nacht neben der Uhr sind ein Werk des Kasseler Bildhauers und Städellehrers Gustav Kaupert. Komplettiert wird die Außenfassade mit Werken von Emil Hundrieser und Alexander Calandrelli, die mit überlebensgroßen Figuren Handel, Schifffahrt, Ackerbau und Industrie illustrierten.

2: 50.1077777, 8.6650016
Englischer Hof
Am Hauptbahnhof 10
Architekt: Wilhelm Müller der Ältere
Baujahr: 1903

3: 50.1080568, 8.664592
Merkur-Haus
Am Hauptbahnhof 12
Architekt: Wilhelm Müller der Ältere
Baujahr: 1904

4: 50.105716, 8.666051
Ehemaliges Parkhotel
Wiesenhüttenplatz 28-38
Architekten: Franz Josef Vietze, Wilhelm Helfrich
Baujahr: 1905

Der wilhelminische Pomp geht auch gegenüber des Bahnhofs munter weiter. Gerade mit dem an den „Kaisersack" [1] anschließenden Neobarock-Häuserpaar des Englischen Hofes und dem ehemals überkuppelten Merkur-Haus [2] nimmt der seit den 1870er-Jahren aus dem Frankfurter Boden gestampfte Prachtboulevard Kaiserstraße seinen mehr als beeindruckenden Anfang. Schade, dass dieses noble Flair nicht nur unter Krieg und Spekulationssünden gelitten hat, sondern die beeindruckenden Reste von geschmacksbefreiten Werbeanlagen, Rotlichtmilieu und Drogenkriminalität überlagert werden.

Ähnliche Probleme mit ungebetenen Gästen hat auch das Parkhotel am nahe gelegenen Wiesenhüttenplatz. Das von den Eheleuten Gömöri in Auftrag gegebene Parkhotel Kaiserhof [3] sollte mit luxuriöser Ausstattung und einem kleinen Park bei den Gästen für besonderes Wohlfühlambiente sorgen. Die Innenausstattung blieb leider nicht erhalten, aber auch die aufwändig mit rotem Sandstein und grünen Kacheln gegliederte neoklassizistische Fassade lässt alte Grand-Hotel-Herrlichkeit auferstehen. Besonderer Hingucker: Die bronzene Kaiser-Wilhelm-Büste des Münchener Bildhauers Bruno Diamant.

5: 50.108919, 8.670672

Loge zur Einigkeit
Kaiserstraße 37
Architekten: Franz von Hoven, Oskar Sommer
Baujahr: 1894, 1896

Eigentlich ein typisches Kaiserstraßen-Geschäftshaus mit respektabler Monumentalfassade, erwartet einen im Hinterhof der Nummer 37 eine faustdicke Überraschung. In einem unspektakulären Klinkerbau befindet sich die (1742 gegründete) Freimaurerloge mit einem neobarocken Festsaal nach Sommers Plänen, der zu den schönsten historischen Bankettsälen in Frankfurt gehört, häufig vermietet wird und ansonsten nur im Rahmen seltener öffentlicher Veranstaltungen zu besuchen ist.

6: 50.109924, 8.673494

Commerzbankhaus
Kaiserstraße 30
Architekten: H. Ritter, T. Martin, W. Schmitt
Baujahr: 1905

Der Charakter der Kaiserstraße ändert sich ziemlich abrupt, sobald man in die Nähe des Anlagenrings kommt. Und so duckt sich unter den übermächtigen Hochhäusern des Bankenviertels dieses auch als Kaiser-Karree bekannte neobarocke Bankgebäude. Die klassische Giebelfront mit allegorischen Statuen war ehemals Hauptsitz der Deutschen Effecten- und Wechsel-Bank und wurde erst 1997 an die Commerzbank verkauft.

7: 50.109817, 8.67432

Haus Frankfurt
Neue Mainzer Straße 24
Architekt: H. Schädel
Baujahr: 1906

Der Jugendstil ist Anfang des 20. Jahrhunderts irgendwie nie so richtig in Frankfurt angekommen, denn die Bauherren am Ort hielten es doch lieber mit historistischem Gründerzeitflair. Eine der wenigen Ausnahmen ist dieses Geschäftshaus in der direkt an der Kaiserstraße anschließenden Neuen Mainzer Straße. Die Zierfassade mit Mittelrisalit und dem Namen gebenden Schriftzug macht besonders bei Art-Déco-Fans Eindruck.

8: 50.110192, 8.675747
Frankfurter Hof
Friedensstraße 12
Architekten: Karl Jonas Mylius,
Alfred Friedrich Bluntschli
Baujahr: 1873 bis 1876

Am Kaiserplatz inmitten des Bankenviertels residieren seit 1876 Gäste im Frankfurter Hof, unbestrittenes Flaggschiff der Steigenberger-Hotelgruppe. Zunächst vom Hotelkönig César Ritz geleitet, war der Hof 1891 das erste Hotel Deutschlands mit elektrischem Licht und beherbergte seitdem unzählige Berühmtheiten. Schriftsteller Thomas Mann, 1907 Gast des Hauses, schrieb beeindruckt an seinen Bruder Heinrich: „Was ein wirkliches Grand Hotel ist, habe ich erst jetzt in Frankfurt wieder gesehen, im Frankfurter Hof: Da weiß man doch, wofür man zahlt und tut es mit einer Art Freudigkeit." Auch heute wirkt die Dreiflügelanlage der Neorenaissance trotz vereinfachten Wiederaufbaus nach dem zweiten Weltkrieg wie ein Schloss der feinen französischen Gesellschaft.

9: 50.113413, 8.679049
Hauptwache
An der Hauptwache 15
Architekt: Johann Jakob Samhaimer
Baujahr: 1729 bis 1730

Stark im Recht: Dieser Frankfurter Wahlspruch traf für die Hauptwache in mehrfacher Hinsicht zu. Das ehemalige Wachgebäude im Barock-Stil war Sitz der Stadtpolizei, damals Stadtwehr genannt, Verhöre fanden hier statt und Gefängniszellen gab es natürlich auch. Zu den prominentesten Insassen gehörten Autor Ludwig Börne und der „Schinderhannes" genannte Intensivstraftäter Johannes Bückler. Die Hauptwache war zusammen mit der im späten 19. Jahrhundert abgerissenen Konstablerwache im April 1833 auch Schauplatz des sogenannten „Frankfurter Wachensturms", eines eher kläglich gescheiterten Revolutionsversuches des deutschen Vormärz. Nachdem die Preußen die freie Reichsstadt Frankfurt und damit auch die Stadtwehr abgeschafft hatten, wird die Hauptwache seit 1905 mit kurzen Unterbrechungen vorzugsweise als Caféhaus genutzt, sozusagen lieber Käffchen statt Kittchen. Im Zweiten Weltkrieg stark beschädigt, wurde die Hauptwache zunächst 1954 wieder aufgebaut, bevor sie Ende der sechziger Jahre des letzten Jahrhunderts in Folge des U-Bahnbaus um wenige Meter versetzt wurde.

10: 50.115211, 8.679604
Thurn und Taxis-Palais
Große Eschenheimer Straße 10
Architekt: Robert de Cotte
Baujahr: 1731 bis 1739, 2004 bis 2009

11: 50.114995, 8.677732
Börse
Börsenplatz 4
Architekten: Heinrich Burnitz, Oskar Sommer
Baujahr: 1879

Als Bürgerrepublik stand Frankfurt Fürsten mit einer gesunden Skepsis gegenüber – deshalb gab es auch nie ein Stadtschloss. Dem am nächsten kam das Palais der Thurn und Taxis. Das Adelsgeschlecht aus der Lombardei mit dem Postmonopol in Europa verlegte 1701 seinen Hauptsitz nach Frankfurt, was trotz kaiserlicher Unterstützung vor Ort zunächst auf wenig Gegenliebe stieß. Der Bau des Palais nahe der Hauptwache wurde vom französischen Rokoko-Baumeister de Cotte geleitet. Als die Thurn und Taxis nach Regensburg umzogen, diente der Bau als Herzogssitz und beherbergte von 1816 bis 1866 den Bundestag des Deutschen Bundes. Ende des 19. Jahrhunderts brachten die Thurn und Taxis die noch vorhandene Innenausstattung in das Schloss Emmeram nach Regensburg, wo man sie noch heute bewundern kann. 1951 wurden die immer noch beeindruckenden Reste abgerissen, vor kurzem entstand aber eine verkleinerte Version unter dem Namen Palais Quartier. Dabei fanden auch einige originale Bauteile ihre Wiederverwendung. Den beeindruckenden Portalschmuck mit Minerva und Familienwappen schuf 1734/35 der Schweizer Bildhauer Paul Egell.

Vom Fürstenpalais zum Palast des großen Geldes sind es nur wenige Schritte. Das imposante Gebäude im Stil der Neorenaissance ersetzte die ursprünglich am Paulsplatz beheimatete Börse. Im Jahr 1944 ausgebrannt, wurde nur die Außenfassade rekonstruiert und das Börsenparkett im Innern eher funktional gestaltet. Eine neue Verwendung im Entree fanden sechs Skulpturen aus dem alten Börsengebäude am Paulsplatz: Die um 1843 entstandenen Werke von Eduard Schmidt von der Launitz und Johann Nepomuk Zwerger repräsentieren die fünf Kontinente und den Landhandel. Über der Säulenhalle tummeln sich kleine Engelspärchen von Gustav Herold (1879), die unter anderem Kommunikation, Schifffahrt und Eisenbahnverkehr symbolisieren.

12: 50.115583, 8.671767

Alte Oper
Opernplatz
Architekten: Richard Lucae, Albrecht Becker, Edgar Giesenberg
Baujahr: 1880

Denken, was wahr, fühlen, was schön, und wollen, was gut ist: Darin erkennt der Geist das Ziel vernünftigen Lebens. Dieses Lebensmotto des griechischen Philosophen Platon hat auch die deutschen Klassiker Goethe und Schiller schwer beschäftigt und schmückt konsequenter Weise auch in gekürzter Form den imposantesten Kulturtempel Frankfurts. Kaum ein anderes Gebäude symbolisiert so sehr bürgerlichen Stolz und Durchhaltevermögen der Frankfurter. Entworfen vom Berliner Architekten Lucae im Stil der Neorenaissance und nach dessen Tod unter Leitung von Becker und Giesenberg fertiggestellt, wurde die Oper 1880 vor knapp 2.000 Gästen, darunter auch Kaiser Wilhelm I., feierlich eröffnet. Vom Prunk der Oper ließen die Kampfbomber 1944 nur die Außenmauern übrig. Jahrzehntelang fristeten die Reste ein trostloses Dasein als die umstrittenste Ruine Frankfurts, gab es doch Pläne vom späteren OB Rudi Arndt, den Deluxe-Schutthaufen „mit ein wenig Dynamit" zu sprengen. Seit den 1950er-Jahren setzten sich aber auch Bürgerinitiativen mit namhaften Spenden für den Erhalt ein.

Dennoch dauerte es noch bis ins Jahr 1981, bevor die Oper zum zweiten Mal eröffnet werden konnte.

Durch die Ausdehnung des Großen Saals erinnern heute nur noch Foyer und Vestibül an die ursprüngliche Raumausstattung des Opernhauses. Mehr macht die historistische Außenfassade her: Da tummeln sich im Giebelrelief drei Grazien mit Bacchus, Jokus und anderen Gestalten der griechischen Mythologie (von Gustav Kaupert), über dem Schriftzug prangt die ursprünglich auf dem Schauspielhaus thronende Pantherquadriga mit Erato, der Muse der Liebesdichtung (von Franz Krüger, 1899), Rhein und Main halten das Frankfurter Stadtwappen (von Emil Hundrieser), links und rechts stehen Recha (aus Lessings Nathan dem Weisen) und Isabella aus Schillers Braut von Messina (beide geschaffen von Gustav Herold), und auf dem Außenbalkon thronen Johann Wolfgang von Goethe (Herold) und Wolfgang Amadeus Mozart (Hundrieser). Zwei Jahre nach der Wiedereröffnung komplettierten noch der Pegasus auf dem Dach (im Original von Ludwig Brunow, rekonstruiert von Georg Hüter) sowie der 120 Tonnen schwere Lucae-Brunnen eines der schönsten Panoramen Frankfurts. Und wer sich etwas mehr Zeit nimmt, kann mit 16 weiteren Nischenfiguren (überwiegend von Gustav Herold, Heinrich Petry und Georg Wilhelm Schwindt), 24 Porträtmedaillons und einer Vielzahl von Wappenmotiven am Außenputz herrlich in vergangenen Zeiten schwelgen.

DEM WAHREN SCHOENEN GUTEN.

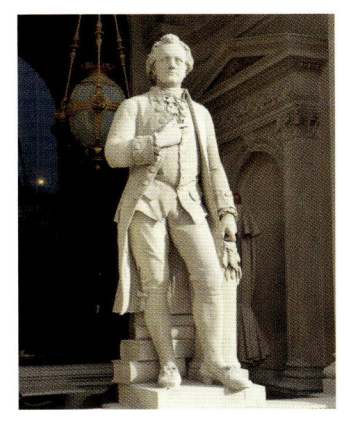

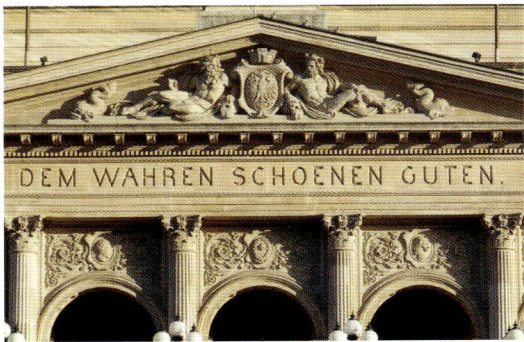

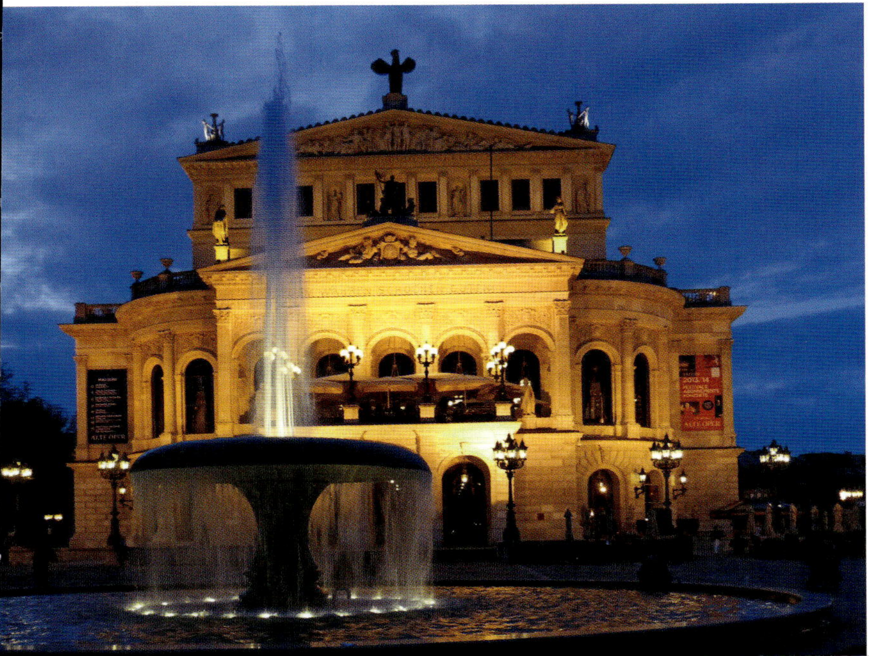

13: 50.117472, 8.676501
Nebbiensches Gartenhaus und Florentinerbrunnen
Bockenheimer Anlage
Architekt: Nicolas Alexandre Salins de Montfort
Baujahr: 1810

Sobald man Opernplatz und den Weiher der Bockenheimer Anlage hinter sich gelassen hat, kommt man zu diesem klassizistischen Pavillon des 1792 nach Frankfurt geflohenen französischen Star-Architekten. Im kleinen Garten steht seit 1952 ein frisch restauriertes Renaissance-Juwel: Der Florentinerbrunnen. Der italienische Marmorbrunnen aus dem 16. Jahrhundert, der über den Kunsthandel seinen Weg nach Frankfurt fand, schmückte ursprünglich in Niederrad die (im zweiten Weltkrieg zerstörte) Villa Waldfried des von den Nazis verfolgten Unternehmers und Mäzens Carl von Weinberg.

14: 50.11904, 8.681938
Maurisches Haus
Blumenstraße 2
Architekt: Johann Friedrich Weinsperger
Baujahr: 1856, 1857

Ein Traum aus Tausendundeiner Nacht? Ähnliches muss den Maurermeister Weinsperger beschäftigt haben, als er in der Mitte des 19. Jahrhunderts den Plan für dieses Wohnhaus in die Tat umsetzte. Orientalischer Klassizismus mit vielen Schnörkeln, Fenster in Fächer- und Stern-Design, Kachel-Optik und Mini-Minarette schaffen ein Haus mit Alleinstellungsmerkmalen, auch wenn der Autoverkehr des Anlagenringes die romantische Stimmung etwas trübt.

15: 50.117176, 8.690274
Odeon (Ariadneum)
Friedberger Anlage
Architekt: A. F. Kayser
Baujahr: 1816

Das Odeon ist untrennbar mit Simon Moritz von Bethmann verbunden, einer der wichtigsten Frankfurter Bankiers der Geschichte und ein wahres Multitasking-Talent. Neben dem Bankbusiness war er geborener Diplomat mit besten Verbindungen zum Zarenhaus, Napoleon und Preußen, engagierte sich im Schulwesen und sammelte leidenschaftlich Kunst, und damit beginnt auch die Geschichte des Odeons. Als er vom Stuttgarter Bildhauer Johann Heinrich Dannecker das Meisterwerk „Ariadne auf dem Panther" (1814) erworben hatte, reifte in ihm der Plan, gleich neben seinem Wohnhaus ein kleines Museum für die Statue und seine Antikensammlung zu errichten. Gesagt, getan, und so entstand 1816 mit dem auch Ariadneum genannten klassizistischen Odeon das erste Frankfurter Museum überhaupt, zu dem sich im 19. Jahrhundert wahre Touristenströme auf den Weg machten. Die Wände des Museums verzierte ein 1812 entstandener Fries des Kopenhagener Klassizismus-Maestros Bertel Thorvaldsen, das den Einzug Alexander des Großen in Babylon zeigte. Ariadne und die Thorvaldsen-Reliefs wurden im Bombenhagel 1944 schwer beschädigt, aber Restauratoren des Frankfurter Liebieghauses gelang das Kunststück, in jahrelanger Puzzlearbeit beide Kunstwerke wieder zum Leben zu erwecken. Im kürzlich ‚Le Panther' umbenannten Odeon tanzen dafür junge Frankfurter zu ambitioniertem Techhouse, während draußen die Kaninchen um den Hügel hoppeln.

16: 50.109355, 8.693116
Portikus
Schöne Aussicht 2
Architekt: Johann Friedrich Christian Hess
Baujahr: 1820 bis 1825

Bleiben wir noch ein bisschen im Klassizismus. Von der Schönen Aussicht des 19. Jahrhunderts am nördlichen Mainufer ist wenig übrig geblieben, aber immerhin erinnert noch der Eingang der ehemaligen Stadtbibliothek, auch Portikus genannt, an frühere Zeiten. Vom Stadtbaumeister Hess (der auch die Paulskirche erschuf) geplant, war die Bibliothek die erste größere Baumaßnahme in der postnapoleonischen Ära und sollte dem Selbstvertrauen der Frankfurter wieder Flügel verleihen. Die lateinische Inschrift über den Kolossalsäulen stammt im Übrigen von Arthur Schopenhauer: Litteris Recuperata Libertate Civitas heißt so viel wie „Die Stadt [widmet diesen Bau] nach Wiedererlangung der Freiheit den Wissenschaften". 2005 wurde eine verkleinerte Rekonstruktion des im Krieg weitgehend zerstörten Gebäudes an die Giebelhalle angesetzt und beherbergt nun das Literaturhaus.

17: 50.110175, 8.685219
Leinwandhaus
Weckmarkt 17
Architekt: Vermutlich Madern Gerthener
Baujahr: Um 1390, 1983

Einige Jahrhunderte früher entstand zu Füßen des Domes das Leinwandhaus, eines der wenigen noch sichtbaren gotischen Steinhäuser in Frankfurt. Vermutlich von Dombaumeister Gerthener als Stadtwaage erbaut, spielte das Haus im spätmittelalterlichen Messetreiben eine zentrale Rolle, wurde später aber auch als Folterkeller, Lazarett, Kirche oder Tanzsaal genutzt. Während des zweiten Weltkrieges machten hier Sprengbomben kurzen Prozess, und bis vor gut 30 Jahren erinnerten nur Unkraut überwucherte Trümmer an den Bau. Beim Wiederaufbau 1983 wurde auch die 1890 von einem unbekannten Künstler geschaffene Ritterfigur wieder in der Nordwestecke aufgestellt. Seit 2008 beherbergt das Gebäude die ‚Caricatura', ein Museum für komische Kunst.

18: 50.109183, 8.682328

Saalhof
Saalgasse 19
Baujahr: 1200 bis 1842

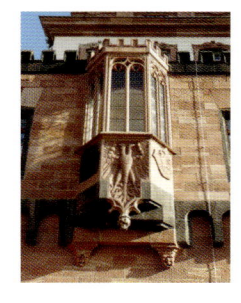

800 Jahre Stadtgeschichte auf engstem Raum, das ist der Saalhof direkt gegenüber dem Eisernen Steg. Er besteht vor allem aus vier Bauteilen: Die Saalhofkapelle entstand ab dem Jahr 1200 am Rand der karolingischen Königspfalz und ist neben der Höchster Justinuskirche das zweitälteste Gebäude der Stadt. Gerade die mit wuchtigen romanischen Säulen gegliederten Doppelfenster atmen noch originales Mittelalter-Flair. 250 Jahre später entstand der Rententurm, der dem militärischen Schutz des angeschlossenen Fahrtors und des benachbarten Hafens diente, in dem aber auch Zölle für die Stadtkasse eingetrieben wurden. Im Keller befand sich zeitweise das Stadtgefängnis, und seit der Mitte des 19. Jahrhunderts krönt den Turm eine große Uhr. Östlich an den Turm schließt sich direkt der Bernusbau an, ein um 1715 entstandener barocker Stadtpalast, in dem sich die Hanauer Kaufmannsfamilie Bernus niederließ und der an die Stelle baufälliger Reste des mittelalterlichen Saalhofes trat. Das Quartett komplett macht der 1840-1842 im Stil der italienischen Romanik errichtete Burnitzbau. Der als Wohnhaus für die Familie Leerse-Bernus geplante Bau ist das letzte Werk des stadtbekannten Architekten Rudolf Burnitz. Hier wich Burnitz von dem sonst für ihn typischen Klassizismus ab zugunsten eines neuromanischen Bildes, passend zur Saalhofkapelle, die er in den Bau einbezog. Das gesamte Areal des Saalhofes wird inzwischen vom Historischen Museum belegt, so dass es keinen besseren Platz gibt, in die Stadtgeschichte abzutauchen.

19: 50.107045, 8.6743
Rothschildpalais
Untermainkai 14-16
Architekt: Johann Friedrich Christian Hess
Baujahr: 1821, 1849

Das Rothschildpalais am Untermainkai ist der einzige von ehemals fünf Stammsitzen der im 19. Jahrhundert einflussreichsten europäischen Bankiersfamilien, der auch heute noch zu bewundern ist. Das Haus wurde für die Bankiersfamilie Speyer im klassizistischen Stil erbaut, bevor Mayer Carl von Rothschild das Anwesen 1846 erwarb und deutlich erweitern ließ. Bis 1945 war hier die Rothschildsche öffentliche Bibliothek untergebracht. Seit 1988 befindet sich hier das momentan aufgrund von Umbaumaßnahmen geschlossene Jüdische Museum, das Einblicke in wichtige Kapitel der Stadtgeschichte gibt.

20: 50.103401, 8.673741
Städel
Schaumainkai 63
Architekt: Oskar Sommer
Baujahr: 1874 bis 1878

Das Städel direkt am Holbeinsteg ist der dritte Standort in der gut 200jährigen Geschichte eine der bedeutendsten Gemäldesammlungen Europas. Nach dem Tod des Bankiers und Gewürzhändlers Johann Friedrich Städel im Jahre 1816 und der testamentarischen Stiftung, die den Grundstock für die Sammlung legte, war das Städel zunächst am Rossmarkt und der Neuen Mainzer Straße zuhause, bevor 1878 das Städelsche Kunstinstitut an den damals noch ländlich geprägten Schaumainkai umzog. Der Frankfurter Architekt Sommer, Schüler von Gottfried Semper, lieferte hier sein architektonisches Meisterstück ab. Der Bau ist eigens als Galerie entworfen und inszeniert Kunst zu einem wahren Palast der Gemälde. Der reich gegliederte Neorenaissance-Baukörper wird von einer Vielzahl von Bauplastiken geschmückt, allen voran den überlebensgroßen Monumental-Statuen der deutschen Renaissancemaler Hans Holbein der Jüngere und Albrecht Dürer des Frankfurter Künstlers Friedrich August von Nordheim (1879).

1: 50.113381, 8.676715

Goethedenkmal

Goetheplatz
Künstler: Ludwig von Schwanthaler
Entstehungsjahr: 1844

Beginnen wir die „Tour de Monument" am wohl bekanntesten Denkmal Frankfurts gleich hinter der Hauptwache, zu dessen Geschichte man glatt einen ganzen Roman schreiben könnte. Der Plan entstand schon zu Goethes Lebzeiten im Jahr 1819 und sah ein Nationaldenkmal auf einer Maininsel vor, doch immer wieder gab es Auseinandersetzungen um die künstlerische Umsetzung, unzählige Entwürfe verschiedener Künstler wurden heiß diskutiert und wieder verworfen, und die Suche nach Finanzmitteln machte die Sache nicht leichter. Goethe selbst kommentierte das Geschehen genervt in Versform: „Zu Goethes Denkmal, was zahlst Du jetzt? / Fragt dieser, jener und der. / Hätt' ich mir nicht selbst ein Denkmal gesetzt, / Das Denkmal, wo käm' es denn her?" Letztlich war es dem Dumpingangebot des bayerischen Hofkünstlers von Schwanthaler zu verdanken, der nur die Materialkosten einforderte, dass es Frankfurt dennoch gelang, 1844 die erste deutsche Stadt mit einem Goethedenkmal zu werden. Die über 4 Meter große und 3,5 Tonnen schwere Monumentalstatue zeigt den an einem Eichenstamm gelehnten Dichterfürsten als gereiften Staatsmann, eigentlich unlogisch, hatte er doch spätestens ab dem 26. Lebensjahr seiner Geburtsstadt längst den Rücken gekehrt. Die Reliefs auf dem Sockel illustrieren neben Allegorien von Naturwissenschaften, lyrischer und dramatischer Dichtkunst und Victoria mit Motiven von Faust und Mephisto, Iphigenie, Götz, Tasso, Egmont, Hermann und Dorothea oder dem Erlkönig auch einige der „greatest hits" des Bestsellerautors.

2: 50.112429, 8.67657

Gutenbergdenkmal
Roßmarkt
Künstler: Eduard Schmidt von der Launitz
Entstehungsjahr: 1840 bis 1858

In direkter Nachbarschaft steht auf dem Roßmarkt das Gutenbergdenkmal. In den Jahren 1840 bis 1858 von Frankfurts renommiertestem Bildhauer zunächst in Gips und dann in galvanoplastischer Bronze und Sandstein ausgeführt, bietet es dem Betrachter nun wirklich viel Stoff. Die drei Herren oben auf dem Monument sind Johannes Gutenberg mit aufgeschlagenem Buch und Letter in der Hand und seine beiden wichtigsten Geldgeber, Johann Fust und Georg Schöffer. Darunter finden sich Medaillons von 14 historischen Buchdruckern sowie idealisierte Stadtgöttinen von Mainz, Straßburg, Venedig und – natürlich – Frankfurt. Auf den Postamenten sitzen dann noch allegorische Figuren zu Theologie, Poesie, Naturforschung und Industrie. Gutenberg lebte und arbeitete im Übrigen drei Jahre in Frankfurt. Das Selbstverständnis von Frankfurt als Messehauptstadt machte das mit Stiftungen finanzierte Denkmal im 19. Jahrhundert zu einem lokalpatriotischen Statement.

3: 50.112666, 8.681414

Liebfrauenbergbrunnen
Liebfrauenberg
Künstler: Johann Andreas Liebhardt, Johann Michael Datzerath
Entstehungsjahr: 1770

Wenn man sich von der Hauptwache aus in Richtung Römer auf den Weg macht, führt der Weg direkt am Liebfrauenbergbrunnen vorbei. Schon im Mittelalter einer der wichtigsten Hotspots der Altstadt, war hier der zentrale Umschlagplatz für Haushaltswaren aller Art. Seit dem 15. Jahrhundert plätschert hier ein Brunnen, der 1770 vom Frankfurter Stadtbaumeister Liebhardt und Bildhauer Datzerath durch den Obelisken im Stil des Spätbarock ersetzt wurde. An den Seiten gießen die Flussgötter von Main und Rhein ihr Wasser in Muschelbecken, und auch aus Delphinskulpturen fließt reichlich kühles Nass. Stadtadler und eine vergoldete Sonne machen das Bildprogramm des Brunnens komplett, der den Bombenhagel des 2. Weltkrieges weitgehend unbeschadet überstand.

4: 50.110888, 8.683855

Stoltzedenkmal
Hühnermarkt (demnächst)
Künstler: Friedrich Schierholz, Fritz Klimsch
Entstehungsjahr: 1892

Er soll der Hingucker auf dem Hühnermarkt in der neuen Altstadt werden: Der lange Zeit auf dem Friedrich-Stoltze-Platz südlich der Katharinenkirche aufgestellte Stoltzebrunnen. Eine Heimkehr in mehrfacher Hinsicht, denn auf dem Hühnermarkt ist das 1892 geschaffene Denkmal unweit Stoltzes Geburtshaus ohnehin viel besser aufgehoben. Bis 2018 sucht man aber den Brunnen von Frankfurts beliebtestem Mundartdichter und literarischem Freiheitskämpfer, der gerade seinen 200. Geburtstag feiern konnte, im Stadtbild leider vergebens.

Route C: Route der Erinnerung – Teil 1

5: 50.110955, 8.681135
Einheitsdenkmal
Paulsplatz
Künstler: Friedrich Maximilian Hessemer, Hugo Kaufmann
Entstehungsjahr: 1903

Wenige Meter weiter am Paulsplatz befinden wir uns im Epizentrum deutscher Freiheit und Demokratie. Neben zwei Gedenkplatten an der Paulskirche von Franz Krüger hält dort das Einheitsdenkmal die Erinnerung an die Freiheitsbestrebungen der Deutschen im 19. Jahrhundert in eher kämpferischen Motiven wach. Bei Zitaten wie „Das Schwert des Siegs hat Eile Eile Eile" wird friedlich gestimmten Betrachtern jedenfalls leicht mulmig zu Mute. Die drei Bronzefigurengruppen auf dem Podest wurden 1940 als „Waffenspende des deutschen Volkes" eingeschmolzen, aber immerhin blieb die auf der Spitze des Obelisken postierte Figur erhalten. Nicht ganz einig sind sich dabei die Experten, wen die Frau darstellt, die das Motto des Denkmals „Seid Einig" so augenfällig in den Himmel streckt. Zumeist wird die Dame als Klio, die Muse der epischen Dichtung, gedeutet, aber auch Germania haben da manche Zeitgenossen wiedererkannt.

6: 50.108473, 8.6729046
Märchenbrunnen
Untermainanlage
Künstler: Friedrich Christoph Hausmann
Entstehungsjahr: 1910

Wenn man sich von der Paulskirche aus nach Westen wendet, kommt man auf den Theaterplatz, ach nein, der heißt ja seit 1992 Willy-Brandt-Platz. Seit dem Abriss des alten Schauspielhauses 1959 ist es Aufgabe des Märchenbrunnens, an zentraler Stelle zwischen Bankenkapital, Eurosymbol und Untermainanlage das alte Frankfurt nahezubringen. 1910 aus Stiftungsgeldern der Cassella-Werke entstanden, sind die fließenden Linien, Ornamente und der spielerische Umgang mit Wasser in der Miniaturgrotte Jugendstil par excellence. Zu der auch „Mainweibchen" genannten Nymphen-Skulptur stand dem Bildhauer im Übrigen die 19jährige Niederräder Wäscherin Margarete Endres Modell. Dass der Märchenbrunnen seit 2006 auch wieder mit den im 2. Weltkrieg eingeschmolzenen Bronzefiguren glänzen kann, ist nordkoreanischen Künstlern zu verdanken, die zur Buchmesse 2005 mit der Rekonstruktion beauftragt wurden, was damals zu einigen stadtpolitischen Scharmützeln Anlass gab.

7: 50.1102243, 8.6722617
Opferdenkmal
Gallusanlage
Künstler: Benno Elkan
Entstehungsjahr: 1913, 1920

In der frisch renovierten Gallusanlage steht das Opferdenkmal, dessen Skulptur bereits vor Ausbruch des Ersten Weltkrieges vom jüdischen Künstler Elkan geschaffen wurde. Die Stadt Frankfurt vergab ein Jahr nach Kriegsende den Auftrag für das Denkmal, dessen aus schwedischem Marmor geschaffene Figur mit moderner Ästhetik überrascht. Wo anderen Ortes pathetisch dem ruhmreichen Tod fürs Vaterland gehuldigt wurde, wählte der auch zeitweilig in Frankfurt lebende Elkan eine unsoldatische Darstellung des Leids und bezog mit der Widmung „Den Opfern" alle Völker mit ein. Klar, dass nationalkonservative Kritiker da verstimmt reagierten: Sie verstanden die Figur als Verunglimpfung eines gebrochenen Deutschlands und mäkelten an der künstlerischer Qualität herum. Unter den Nazis demontiert, erhielt sich die Statue im Betriebshof der Straßenreinigung und wurde im April 1946 am ursprünglichen Ort wieder feierlich aufgestellt.

8: 50.110955, 8.671361
Schillerdenkmal
Taunusanlage
Künstler: Johannes Dielmann
Entstehungsjahr: 1859

Schiller und Frankfurt? Wahrscheinlich war es eine Reaktion der Theater begeisterten Bürgerschaft auf das 1844 eingeweihte Goethe-Denkmal, dass in der Stadt am Main auch ein Monument für Johanns Kumpel aus Weimarer Tagen nicht fehlen dürfe. Also wurde im Jahre 1859, zum 100. Geburtstag von Schiller, beim Frankfurter Städel-Professor Dielmann eine Bronzeskulptur in Auftrag gegeben. Und da Schiller Frankfurt eher auf Reisen kennenlernte, war auch dem Denkmal mehrfacher Umzug beschieden. 1864 auf dem früheren Paradeplatz nahe der Hauptwache enthüllt, wanderte Schiller zwischendrin auf den Rathenauplatz in unmittelbare Nähe von Johann Wolfgang, bevor er sich 1955 auf dem jetzigen Standort in der Taunusanlage häuslich niederließ.

9: 50.111768, 8.6703516

Heinedenkmal
Taunusanlage
Künstler: Georg Kolbe
Entstehungsjahr: 1910 bis 1913, 1947

Vielleicht das geschichtlich interessanteste Denkmal in Frankfurt ist dem deutschen Romantiker Heinrich Heine gewidmet, der als Bankvolontär auch zwei Jahre in Frankfurt arbeitete. Auf Anregung des Frankfurter Theaterintendanten Emil Claar und mit Spendengeldern von Fans des Dichters wurde das Denkmal zu Heines 116. Geburtstag aufgestellt. Vorausgegangen waren jahrelange Auseinandersetzungen mit antisemitischen Kräften, welche das Denkmal wegen Heines jüdischer Herkunft mit allen Kräften verhindern wollten. Georg Kolbe, einer der erfolgreichsten Bildhauer des frühen 20. Jahrhunderts, verkörpert mit seinem Denkmal die tänzerische Poesie in Heines Werken, Auftritte russischer Ballett-Stars sollen Kolbe zu seinem Werk inspiriert haben. Keine drei Monate nach der Machtergreifung Hitlers 1933 wurde das Denkmal vom Sockel gestürzt und später offiziell entfernt. Da Kolbes Werke aber durchaus in die Kunstideologie des NS-Regimes passten, wurde die Figurengruppe im Garten des Städels unter dem Titel „Frühlingslied" wieder aufgestellt. Erst zwei Jahre nach Kriegsende fand das Denkmal den Weg zurück in die Taunusanlage. Neu hinzu kam die Bronzeplakette mit dem Heine-Profil, eine der letzten Arbeiten Kolbes vor seinem Tod.

10: 50.112875, 8.670213
Beethovendenkmal
Taunusanlage
Künstler: Georg Kolbe
Entstehungsjahr: 1926 bis 1951

Schräg gegenüber auf einer Anhöhe thront ein monumentales Werk von Kolbe. Auch wenn Beethoven über die Familie Brentano nur entfernt Anknüpfungspunkte zu Frankfurt hatte, entstand während der Weimarer Republik der Wunsch nach einem Denkmal für den Komponisten. Drei in Bronze gegossene, überlebensgroße athletische Figuren huldigen „Dem Genius Beethovens" und konkurrieren mit der Skyline im Hintergrund. Mit etwas Phantasie kann man in der Mitte Beethoven wiedererkennen, begleitet von zwei weiblichen Figuren, der „Sinnenden" und der „Rufenden". Kolbe arbeitete über zwanzig Jahre an dieser gewaltigen Plastik, erlebte aber weder die Fertigstellung des Bronzegusses noch die feierliche Einweihung zum Fest des Deutschen Sängerbundes im Juni 1951.

11: 50.1131894, 8.6691931
Lachhannes/Winzerbrunnen
Taunusanlage
Künstler: Johann Nepomuk Zwerger
Entstehungsjahr: 1859

Ein paar Meter weiter steht mit dem Winzerbrunnen und seinem wohlgelaunten, auch als „Lachhannes" bekannten Weinbauern eines der volkstümlichsten Denkmäler Frankfurts. Geschaffen vom Städelprofessor Zwerger, schmückt der Brunnen mit kurzen kriegsbedingten Unterbrechungen die Taunusanlage. Das Motto der Inschrift „Gesegnet soll der Trunk uns sein: Das Wasser Euch und mir der Wein" wurde wegen des nahe gelegenen Bankenviertels auch schon Augen zwinkernd umgedichtet: „Gesegnet soll das Geld uns sein: Die Münzen Euch und mir der Schein."

12: 50.1143941, 8.6707675
Guiollettdenkmal
Taunusanlage
Künstler: Eduard Schmidt von der Launitz
Entstehungsjahr: 1837

Das Guiollettdenkmal in unmittelbarer Nähe des Opernplatzes ist untrennbar mit der Schleifung der Frankfurter Befestigung verbunden, die auf Drängen der französischen Besatzer zu Beginn des 19. Jahrhunderts in einen Park verwandelt wurde. Mit der Planung war der Frankfurter Kommunalpolitiker und Baudirektor Johann Jakob Franz Guiollett betraut, der im Januar 1806 zum „Fürstlichen Commissarius bei dem fortzusetzenden hiesigen Festungsbau-Demolitions-Geschäfte" ernannt wurde. In spätklassizistischem Stil hat der Thorvaldsen-Schüler Schmidt von der Launitz die Arbeiten verewigt, auch wenn die Gärtner sicherlich nicht in antiken Kostümen herum buddelten. Das Werk von Guiollett und Stadtgärtner Sebastian Rinz hatte dennoch mehr als nachhaltige Wirkung, bildet doch der englische Park der Wallanlagen bis heute die Keimzelle des Frankfurter Grüngürtels.

13: 50.117618, 8.669827
Ring der Statuen
Rothschildpark
Künstler: Georg Kolbe
Entstehungsjahr: 1933 bis 1947, 1954

Im Rothschildpark in der Nähe der Alten Oper findet sich schließlich das imposanteste Werk des Berliner Bildhauers Georg Kolbe, der Ring der Statuen, erst sieben Jahre nach dem Tod des Künstlers aufgestellt. Sieben Skulpturen und 14 Basaltsäulen setzen mit rätselhafter Ruhe einen bildhauerischen Imperativ, der Kolbes Ästhetik zwischen Jugendstil und Expressionismus perfekt illustriert. Kolbe, im Übrigen einer von vier Bildhauern, die Goebbels und Hitler auf die „Gottbegnadeten-Liste" der unersetzlichen Künstler setzen ließ, starb 1947 im Alter von 70 Jahren an Krebs.

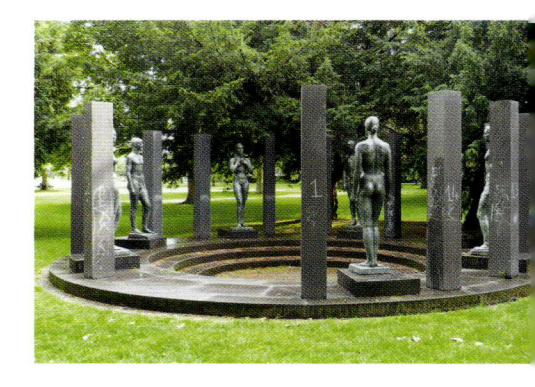

14: 50.1180791, 8.6801405

Philipp Reis-Denkmal
Eschenheimer Anlage
Künstler: Friedrich Christoph Hausmann
Entstehungsjahr: 1919

Eigentlich hätte man beim Philipp-Reis-Denkmal ja eher Veganerkost verschmähende Gäule erwartet, war doch der erste Satz, der über das von Reis erfundene Telefon übertragen wurde, die dadaistische Weisheit „Das Pferd frisst keinen Gurkensalat". 1861 führte der gebürtige Gelnhausener Reis sein Telefon beim Frankfurter Physikalischen Verein vor, war aber über den mangelnden wirtschaftlichen Support so frustriert, dass er seine Mitgliedschaft bald danach kündigte. Der österreichische Bildhauer Hausmann setzte dem im Schatten von Alexander Graham Bell gebliebenen Erfinder ein Jugendstil-Denkmal, an dessen nackt telefonierenden Jünglingen sich die Gemüter der Zeitgenossen erhitzten. Die Frankfurter Volkszeitung sah durch die Männer, „die ihre Kleidung abgeworfen haben, um zum Telephon-Hörer zu greifen", Sitte und Anstand gefährdet. Das wäre bei einer Pferdestatue vor der Salatschüssel nicht passiert.

15: 50.1192716, 8.6856157
Kirchner-Denkmal
Eschenheimer Anlage
Künstler: Heinrich Petry
Entstehungsjahr: 1879

Direkt mit Frankfurts Geschichte ist das Kirchner-Denkmal verknüpft, das am östlichen Ende der Eschenheimer Anlage zu finden ist. Aus Anlass des 100. Geburtstages des Frankfurter Pfarrers, Lehrers, Historikers, Politikers und Schulgründers Anton Kirchner geschaffen, illustriert das Denkmal sein Talent in allen Facetten. Evangelischer Prediger, unter anderem an der Paulskirche, gab er der Stadtverfassung des 19. Jahrhunderts liberalen Input und schrieb ab 1807 die „Geschichte der Stadt Frankfurt am Main". Goethe hielt Kirchner bewundernd für einen „Lichtkopf" und meinte, er sei „ein kluger Schelm, der klügste in Frankfurt." Neben der klassizistischen Porträtbüste zeigen die allegorischen Reliefs rechts Ekklesia mit Kreuz und Bibel vor der Katharinenkirche als religiöses Symbol, links Klio mit Buch und Stift vor dem Dom für den Historiker und in der Mitte die Lehrmeisterin der Kinder als Symbol des Pädagogen.

16: 50.119684, 8.689615
Hessendenkmal
Friedberger Platz
Künstler: Carl Gotthard Langhans, Johann Christian Ruhl, Heinrich Christoph Jussow
Entstehungsjahr: 1793

Er sieht ganz schön platt aus, dieser Bronzelöwe, und wenn man dann noch weiß, dass es sich bei dem Monument an der Friedberger Landstraße um das Hessendenkmal handelt, vermutet man als überzeugter Hesse das Schlimmste. Aber hier geht es nicht um den das hessische Wappentier, sondern um den eigentlich unverwundbaren nemeischen Löwen, den Herkules der Sage nach gemeuchelt haben soll. Deswegen findet sich auf dem Marmorwürfel neben allerlei Kriegsgerät auch die für den Sagenhelden typische Keule. Was das mit Frankfurt und Hessen zu tun hat, erläutert die Inschrift. Der preußische König Friedrich Wilhelm II. hatte mit Unterstützung hessischer Soldaten im Dezember 1792 Frankfurt von der französischen Revolutionsarmee befreit. Friedrich Wilhelm II. wertete dies als ersten Sieg auf der Grundlage eines nationalen Bündnisses und setzte sich so selbst ein Denkmal. Bereits ein Jahr später prangte das auf Plänen des Brandenburger-Tor-Schöpfers Langhans basierende Denkmal am Friedberger Tor. Es erinnert namentlich an die 82 bei der Eroberung Frankfurts gefallenen hessischen Soldaten.

17: 50.1180412, 8.6912589

Bethmanndenkmal
Friedberger Anlage
Künstler: Eduard Schmidt von der Launitz
Entstehungsjahr: 1868

Zum Bankier und Diplomaten Simon Moritz von Bethmann (1768-1826), eine der interessantesten Frankfurter Persönlichkeiten der Goethezeit, hatten wir schon beim Odeon ein paar Worte verloren. In Steinwurfweite entfernt ist dieses Denkmal zu finden, das Frankfurter Bürger zu Bethmanns 100. Geburtstag stifteten. Unter der Porträtbüste nehmen die Sockelreliefs auf seine Verdienste um die Stadt Bezug. So setzte er sich für Bildung ein, gründete unter anderem Musterschule und Philantropin und sorgte mit großzügigen Spenden für den Aufbau der Stadtbibliothek. Seine diplomatischen Verdienste finden hier ebenfalls Platz: Bethmanns Intervention bei Napoleon verhinderte eine im Spätherbst 1813 geplante Brandschatzung Frankfurts durch die französischen Truppen und wird, wenn auch in verklärender Pose, bildlich dargestellt. Nur die Bethmännchen, DIE Frankfurter Weihnachtsspezialität mit Ursprung in Bethmanns Familienbäckerei, sucht man hier vergebens.

18: 50.115759, 8.695544
Uhrtürmchen
Friedberger Anlage
Künstler: Alexander Linnemann
Entstehungsjahr: 1894

Das Uhrtürmchen am Sandweg wurde nach Plänen des renommierten Frankfurter Architekten Linnemann von heimischen Geschäftsleuten gestiftet. Über die identitätsstiftende Funktion für das Ostend-Viertel hinaus hatte dieses Denkmal auch einen ganz profanen Zweck. Das heute mitten im Verkehrsgewühl liegende Türmchen verriet im Zeitalter vor Armbanduhr und Handy die aktuelle Uhrzeit und war Jahrzehnte lang beliebter Treffpunkt, nicht zuletzt für das Abendgebet in der wenige Meter südlich gelegenen Synagoge. Zwischendrin stark korrodiert und vom Einsturz bedroht, wurde das Türmchen im März 2015 dank namhafter Spendengelder der Freunde Frankfurts renoviert und glänzt nun wieder mit historistischer Ritterfigur, Adler und Engelsfiguren in der Abendsonne.

19: 50.1108854, 8.6937303
Schopenhauer-Denkmal
Obermain-Anlage
Künstler: Friedrich Schierholz
Entstehungsjahr: 1895

Neben seinen drei Altstadtbrunnen (Justitia- und Minervabrunnen auf dem Römerberg, Stoltzebrunnen) ist das Denkmal für den Frankfurter Philosophen Arthur Schopenhauer das einzig „trockene" Denkmal des Städelschülers Schierholz. Die letzten knapp 30 Lebensjahre verbrachte der in Danzig geborene einzelgängerische Pessimist Schopenhauer in unmittelbarer Nähe an der Schönen Aussicht, bevor er mit 72 Jahren an einer Lungenentzündung verstarb. Die 1895 geschaffene Bronzebüste entging in den Weltkriegen dem Einschmelzen, bevor 1951 Metalldiebe den Philosophen mopsten. Kurze Zeit später entdeckte ihn die Polizei leicht ramponiert in einem Bornheimer Keller. So steht er wieder seit September 1952 ohne die ursprünglich vor dem Denkmal wachende Sphinx in der Obermainanlage.

20: 50.1092862, 8.6878483
Karl der Große
Alte Brücke
Künstler: Karl Eduard aus Wendelstädt, Johann Nepomuk Zwerger
Entstehungsjahr: 1843

Über 100 Jahre lang fehlte der Alten Brücke die kaiserliche Aufsicht. Die Skulptur aus rotem Mainsandstein wurde der Stadt im Jahr 1843 vom Städel aus Anlass des tausendsten Gedenktages der Gründung des Heiligen Römischen Reiches Deutscher Nation geschenkt. Nach einem Entwurf von Wendelstädt war es der Städellehrer Zwerger, der in unruhigen Zeiten demokratischer Revolten dem imperialen Nationaldenken ein Denkmal setzte. Beim Abriss der Brücke 1914 kam das Standbild des Stadtpatrons ins Historische Museum und wartet dort auf die Neueröffnung im Jahr 2018. Immerhin: Eine eindrucksvolle Replik steht seit Oktober 2016 wieder auf der Brücke. Dort markiert sie die seit dem 11. Jahrhundert verbreitete sagenhafte Geschichte der Stadtgründung Frankfurts, als Kaiser Karl mit seinem Tross einer Hirschkuh nach Hibbdebach folgte und die Sachsen auf der südlichen Mainseite blieben. Wahrscheinlich nur eine schöne Legende, aber historisch verbürgt ist, dass Karl der Große Frankfurt mit einer sieben Monate dauernden Mammut-Kirchensynode im Jahr 794 erstmals in die Annalen brachte. Auf den Brickegickel, mit dem die Alte Brücke eigentlich erst vollständig ist, müssen wir aber noch ein bisschen warten.

Exkurs 2:

Auf den Spuren der Francofurtia

Gestatten, mein Name ist Francofurtia. „Geboren" wurde ich im Jahr 1712 als Personifikation der Stadt Frankfurt am Main auf einem alten Kupferstich von Johann Baptist Homann, der die Karte der „keyserlichen Freyen Reichs Wahl und Handelsstatt Franckfurt am Mayn mit ihrem Gebiet" mit mir aufhübschen wollte. Besonders modern war ich aber während des 19. und zu Beginn des 20. Jahrhunderts, als mich verschiedene Künstler im Geist des damals ziemlich angesagten Historismus interpretierten. Ich gebe mich auch heute noch Eurem geübten Auge mit Mauerkrone, einem Adlergeschmücktem Schild, Domturm oder dem Reichsschwert Karls des Großen zu erkennen.

Meine wohl bekannteste Darstellung befindet sich direkt neben dem Römer an der Ecke des Hauses Alt-Limpurg. Geschaffen wurde mein Lieblingsporträt an der Römerfassade in den Jahren 1897/98 von dem in Berlin geborenen Bildhauer Franz Krüger. Nach dem Studium an der Königlich Preußischen Akademie der Künste ließ sich Krüger als 30jähriger in Frankfurt nieder und hinterließ hier eine Vielzahl an Werken, zum Beispiel auch an der Alten Oper, am Südfriedhof oder der Paulskirche.

Direkt um die Ecke auf dem Portal des Römer-Nordbaus am Paulsplatz steht dieses trotz geschlossener

1 Römer
2 Römer, Altes Rathaus
3 Gutenbergdenkmal
4 Bethmanndenkmal
5 Römer (Nordbau)

Augen deutlich strengere Abbild von mir mit Gesetzbuch und Urkundenrolle, ebenfalls von Franz Krüger.

Auch der ursprünglich aus dem Kurland (gehört heute zu Lettland) stammende und in Frankfurt sehr beliebte Bildhauer Eduard Schmidt von der Launitz hat sich gleich zweimal an mir versucht. So findet ihr mich im Sockel des bekannten Gutenberg-Denkmals (von 1840 bis 1858, ➤ Siehe Seite 46) gemeinsam mit Stadtverkörperungen von Mainz, Straßburg und Venedig, da hier die ersten Druckerpressen liefen. Für den unwahrscheinlichen Fall, dass Ihr lieber eine der anderen Damen zu einem Date einladen würdet, dürft Ihr jetzt

Exkurs 2: Auf den Spuren der Francofurtia

1 Grafik Schützenbund, Ausschnitt (HMF)
2 Spielkarte (HMF)
3 Dosenetikett der Frankfurter
　Metzgerei Heinrich Schmidt um 1910
4 Werbemarke LÖWENBRÄU (HMF)
5 Münze (HMF)
6 Münze Entwurfszeichnung (HMF)

gerne schweigen. Und auch im Sockel des in der Friedberger Anlage befindlichen Bethmann-Denkmals (1864 bis 1868, ➔ Siehe Seite 55) hat Schmidt von der Launitz mich verewigt. Mit dem Frankfurter Stadtslogan „Stark im Recht" findet Ihr mich außerdem im Foyer des Alten Rathauses (Südbau, Bethmannstraße 3), huldvoll porträtiert vom Städelschüler Karl Rumpf.

Als allegorische Stadtdarstellung hatte ich verständlicher Weise nicht immer direkten Einfluss darauf, für welche Zwecke mein Konterfei eingesetzt wurde. Deshalb sieht man mich im Archiv des Historischen Museums zum Beispiel auf einer Briefverschluss-Werbemarke aus dem Jahr 1900 für das Frankfurter Löwenbräu-Bier das Glas erheben, und auch beim Deutschen Bundes-

Exkurs 2: Auf den Spuren der Francofurtia

schießen in Frankfurt setzte man mehrfach auf meinen Charme. Für das Spielkartenset der Darmstädter Kartendynastie Frommann aus Anlass des allerersten Bundesschießens im Jahr 1862 war zwar Germania als Herzdame gesetzt, aber als Karodame habe ich ihr dann doch noch die Schau gestohlen. Im Jahr 1887 fand ich mich dann sowohl bei Festzeitung, auf den Standkarten und sogar im Festzug der Waffennarren wieder. Die nationalen Einheitsbestrebungen des Deutschen Schützenbundes, ähnlich wie die des Turnerbundes, habe ich ja noch gerne unterstützt. Aber dass dann unter anderem auch in meinem Namen „die Schar der Schützen des großen Bundes … gleichsam als eine Ehrenreserve der Armee an die Seite zu stellen" sei, war für mich als überzeugte Pazifistin etwas heftig.

Last but not least: In klingender Münze hinterließ ich ebenfalls meine Spuren. Mein vom Bildhauer Friedrich August von Nordheim gefertigtes Profilbild, zunächst als Zeichnung ausgeführt, zierte nämlich den Frankfurter Vereinstaler von 1865. Neben meinem Antlitz soll den Künstler, bösen Zungen nach, auch die Schauspielerin Fanny Janauschek inspiriert haben, die von 1849 bis 1860 im Frankfurter Schauspielhaus engagiert war und dort als Iphigenie vom Publikum gefeiert wurde. Eine glatte Unterstellung, wenn Ihr mich fragt, habe ich doch die Frankfurter so gerne mit meinem Konterfei reich gemacht.

Route D

Leben wie Gott in Frankfurt – Religiöse Orte

BASISROUTE: Stationen 1 bis 10
FUSS- ODER RADSTRECKE: ca. 5 km
START: Tram-Haltestelle „Frankensteiner Platz"
ENDE: U-Bahn-Haltestelle „Westend"

EXTENDED MIX: Stationen 11 bis 14
RAD- ODER AUTOSTRECKE: Zusätzliche Streckenlänge: ca. 34 km
START: U-Bahn-Haltestelle „Sigmund-Freud-Straße"
ENDE: Tram-Haltestelle „Bolongaropalast"

Auch wenn Frankfurt seit jeher eine Stadt des Handels und nie Bischofssitz war, spielte das religiöse Leben über Jahrhunderte hinweg eine prägende Rolle. Zentrale Bedeutung hatte dabei der Kaiserdom St. Bartholomäus, in dem unzählige Könige und Kaiser ihren letzten Schliff, also die Krone, erhielten. Neben den christlichen Kirchen konnte auch das jüdische Frankfurt mit bedeutenden Baudenkmälern aus über 900 Jahren Geschichte aufwarten, die aber in der NS-Zeit bis auf eine Ausnahme komplett zerstört wurden. Insofern ist eine Beschäftigung mit der religiösen Erinnerung einer Stadt immer eine direkte Verbindung in die Geschichte und damit auch für weltlich geprägte Frankfurt-Fans ein Muss. Sie brauchen keinen Rosenkranz oder Gesangbuch, versprochen. Erst recht nicht beim großen Stadtgeläute, bei dem die Glocken aller zehn Frankfurter Innenstadtkirchen vier Mal im Jahr (am Samstag vor dem ersten Advent, an Heiligabend, Karsamstag und am Samstag vor Pfingsten) zu einem weltweit einzigartigen Open-Air-Konzert des Heiligen Bimbams einladen.

1: 50.106582, 8.687795

Deutschordenshaus und -kirche

Brückenstraße 7
Baujahr: 1309, 1747 bis 1751

Seit Beginn der 13. Jahrhunderts hatte der aus den Kreuzzügen entstandene Deutsche Orden seine feste Bleibe am Sachsenhäuser Mainufer. Der heutige gotische Kirchenbau wurde im Zeitalter des Barock erheblich umgestaltet. Seit Beginn des 18. Jahrhunderts gab es neue Ordensgebäude, 40 Jahre später wurde an der Kirchenfront eine von Ferdinand Kirchmeyer entworfene barocke Fassade vorgeblendet. Ebenfalls ein Hingucker: Die an der Ecke zum Main auf halber Höhe angebrachte Sandsteinmadonna mit dem Wappen des Deutschen Ordens des Frankfurter Bildhauers Johann Bernhard Schwarzeburger (erste Hälfte des 18. Jahrhunderts).

Wer den größten Schatz der Deutschordenskirche sehen will, muss aber heute nach Paris: Das 1735 vom venezianischen Maler Giovanni Battista Piazzetta geschaffene berühmte Altarbild mit Marias Himmelfahrt wurde 1796 von französischen Revolutionstruppen gestohlen und hängt im Louvre.

2: 50.1119, 8.687878
Dominikanerkirche
Kurt-Schumacher-Straße 23
Baujahr: 1. Hälfte des 13. Jahrhunderts

Das Dominikanerkloster steht verkehrsumtost an der Kurt-Schumacher-Straße und hat im Krieg schweren Schaden genommen, so dass nur die Chormauern in Resten erhalten sind. Dass die gotische Kirche gerade im 16. Jahrhundert eine echte Augenweide gewesen sein muss, erfährt man heute eher im Historischen Museum und im Städel, stehen dort doch aufgrund der Stiftung von Carl Theodor von Dalberg einige Prunkstücke des ehemaligen Inventars, die der Frankfurter Großherzog dank Napoleons Ehren 1809 vor der drohenden Versteigerung rettete.

So findet man also im Historischen Museum den Meister aus Frankfurt. Unter diesem Namen wird ein flämischer Renaissancemaler des frühen 16. Jahrhunderts gehandelt, der sich zu Dürers Zeiten in Frankfurt hoher Beliebtheit erfreute. Sein Meisterwerk, der großformatige Annenaltar [1, HMF] aus dem Jahr 1505, ist jetzt einer der bestgehüteten Museumsschätze.

Überhaupt war das Dominikanerkloster ein echtes Eldorado für religiöse Kunst des späten Mittelalters. Der 1501 von Hans Holbein dem Älteren geschaffene Hochaltar mit Szenen aus dem Leben von Jesus und dem Stammbaum der Dominikaner steht in der Sammlung Alte Meister im Städel. Außerdem schmückte das Kloster auch der Heller-Altar, ein von Albrecht Dürer und Matthias Grünewald in Gemeinschaftsarbeit zwischen 1507 und 1511 gestaltetes XXL-Kunstwerk, dessen Bestandteile sich auf mehrere Museen verteilen und leider zum Teil auch verschollen sind. Immerhin hat sich das Historische Museum den Löwenanteil gesichert und wird den Altar nach Ende des Umbaus endlich wieder präsentieren können.

3: 50.109986, 8.682364
Alte Nikolaikirche
Römerberg 9
Baujahr: 12. bis 15. Jahrhundert

Die Alte Nikolaikirche auf dem Römerberg dürfte eine der meist besuchten Kirchen in Frankfurt sein, auch wenn sie manche Touristen mit einem Gefühl der Enttäuschung verlassen. In einer evangelischen Kirche findet man nunmal selten glänzenden Prunk, zumal sie im 16. und 17. Jahrhundert als Warenlager genutzt wurde. Die Baugeschichte liest sich dennoch spannend: Die Ursprünge der Kirche liegen wahrscheinlich schon in der Stauferzeit. Auf romanischem Erdgeschoss wurde im 13. Jahrhundert ein Turm angebaut, kurze Zeit später entstanden Langhaus und Chor. 1466 und 1467 wurde dann der Bau zur Ratskapelle veredelt und erhielt die spätgotische Maßwerkgalerie, von der aus die Stadtherren in luftiger Höhe der Kaiserkrönung beiwohnen konnten. Im Innern lohnen ein von Dombaumeister Gerthener 1370 geschaffener Schmerzensmann (hier als Kopie), die Grabdenkmäler des 1386 verstorbenen Amtmanns Siegfried zum Paradies mit zweiter Ehefrau Katharina von Wedel sowie Kirchenpatron Sankt Nikolaus ohne Rauschebart auf dem mittleren Gewölbe-Schlussstein (spätes 13. Jahrhundert).

4: 50.108901, 8.680122

St. Leonhardskirche
Am Leonhardstor 25
Baujahr: 1219 bis 15. Jahrhundert

Leider schon seit 2011 aufgrund umfassender Renovierungsarbeiten geschlossen ist die St. Leonhardskirche, eines der kunstgeschichtlich wertvollsten Gebäude der Stadt. Im Kern eine spätromanische Basilika mit zwei Glockentürmen, wurden in gotischer Zeit zwei weitere Schiffe angesetzt, der Chorraum kam ab 1425 unter der Regie von Dombaumeister Gerthener hinzu. Auffälligste Zutat sind aber die Gewölbe, feingliederige Meisterwerke spätgotischer Architektur, allen voran das hängende Gewölbe der Salvatorkapelle im nördlichen Seitenschiff. Die Altäre sind weitgehend Ankäufe aus dem 19. Jahrhundert, aber dafür sind die Glasfenster mit Marien- und Heiligendarstellungen im Chor und die Malereien noch originale Bausubstanz (15. und frühes 16. Jahrhundert). Noch älter sind die detailreichen romanischen Portale im nördlichen Seitenschiff, die erst durch die gotischen Anbauten nach innen kamen: das Engelbertportal und das Pilgerportal. Letzteres verweist auf die Rolle von St. Leonhard als Teil des Jakobsweges. Die in Resten erkennbare Außenkanzel an der Nordwand wurde für die religiöse Versorgung größerer Wallfahrergruppen genutzt.

5: 50.10936, 8.677949 und
50.108958, 8.678454

Karmeliterkloster
Münzgasse 9
Baujahr: 1246 bis 1523, Wiederaufbau 1950 bis 1989

Das Karmeliterkloster gehört zu den größten Bauten der Altstadt. Als frühgotische Langkirche konzipiert, ergänzte vermutlich Dombaumeister Gerthener zu Beginn des 15. Jahrhunderts den Baubestand, kurz danach entstanden Kreuzgang und Dormitorium. Nach der Reformation verlor das Kloster an Bedeutung und wurde im 19. Jahrhundert als Lager und Kaserne genutzt. Nach dem zweiten Weltkrieg vereinfacht wieder aufgebaut, ist das Kirchenschiff Ausstellungsraum des Archäologischen Museums. Im übrigen Kloster sind das Institut für Stadtgeschichte und ein Kleinkunst-Theater zuhause. Zu den bedeutenden Kunstwerken des Klosters gehören vor allem die Wandmalereien von Jörg Ratgeb, der den Kreuzgang zwischen 1515 und 1520 mit etwa 40 christlichen Szenen ausmalte. Zwar etwas fragmentiert, aber selbst so noch beeindruckend, erstreckte sich der Zyklus ursprünglich über 150 Meter Länge und war das größte Wandgemälde Europas. Auch im Refektorium tobte sich der schwäbische Maler aus, eine mehr als lohnenswerte Bilderreise in die Frankfurter Renaissance.

Route D: Leben wie Gott in Frankfurt – Religiöse Orte

6: 50.111194, 8.680755

Paulskirche
Paulsplatz 11
Baujahr: 1789 bis 1833, 1948

Wie kein anderes deutsches Gebäude steht die Frankfurter Paulskirche als Symbol für die Geschichte der deutschen Demokratie. Als evangelische Kirche erbaut, funktionierte man sie in den Jahren 1848 und 1849 als Tagungsort der Frankfurter Nationalversammlung um, der ersten frei gewählten deutschen Volksvertretung. Der klassizistische Rundbau des Architekten Johann Friedrich Christian Hess wurde durch die Bombenangriffe des zweiten Weltkrieges schwer beschädigt, aber aufgrund des Symbolwertes direkt nach Kriegsende wieder aufgebaut und am 18. Mai 1948 zum hundertsten Gedenktag der Nationalversammlung wiedereröffnet. Seitdem ist sie nationales Denkmal und wird immer wieder gerne für öffentliche Empfänge genutzt. Die historische Rolle der Paulskirche erläutern zwei von Franz Krüger geschaffene Bronzetafeln aus dem Jahr 1898. Die klassizistische Innendeko wie auch das Germania-Wandbild aus der Zeit der Nationalversammlung ließ man beim Wiederaufbau bewusst aus, und so ist im Innenraum modern schmucklose Zurückhaltung Trumpf. Einzige Ausnahme: Das Podest der Rotunde schmückt ein großes Wandgemälde des Berliner Künstlers Johannes Grützke, an dessen drastischer Darstellung des „Zugs der Volksvertreter" (1989-1991) sich die Geister scheiden.

7: 50.113052, 8.681393
Liebfrauenkirche
Liebfrauenberg
Baujahr: 14. bis 16. Jahrhundert

Eine Klosterkirche inmitten des Einkaufstrubels rund um die Zeil? Vielleicht ist es gerade dieser Gegensatz, der die Liebfrauenkirche zu einer der bestbesuchten Kirchen der Mainstadt macht. Entstanden als in die Stadtmauer integrierter Gotikbau zwischen 14. und 16. Jahrhundert, brannte die Liebfrauenkirche im zweiten Weltkrieg komplett aus. Überstanden hat das Inferno dennoch eines der schönsten Bildwerke des Dombaumeisters Madern Gerthener. Seine Anbetung der heiligen drei Könige (1420-25) zierte ursprünglich als Bekrönung des Dreikönigsportals die Außenfassade und ist jetzt in einer Seitenkapelle ganz schön versteckt. Sehenswert ist auch ein Altarbild von Maria mit Jesuskind und Mutter Anna aus dem Beginn des 16. Jahrhunderts, vermutlich oberschwäbischer Herkunft und eines der letzten Überbleibsel des alten Hochaltars, sowie einige strahlend weiße Rokoko-Skulpturen des Mainzer Bildhauers Johann Peter Jäger aus dem späten 18. Jahrhundert an den Kirchenpfeilern.

8: 50.113207, 8.679425
St. Katharinenkirche
An der Hauptwache 1
Baujahr: 1678 bis 1681

Die St. Katharinenkirche direkt an der Hauptwache ist die evangelische Hauptkirche Frankfurts und wahrscheinlich das Gotteshaus, das nach den Kriegszerstörungen am dramatischsten das Innen-Outfit verändert hat. Der Barockbau hatte trotz des schlichten Äußeren eine mehr als prächtige Innenausstattung. Die Hochzeitskirche von Goethes Eltern, wahrscheinlich auch Johann Wolfgangs Taufkirche und Wirkungsstätte des Frankfurter Orgel-Maestros Georg Philipp Telemann, umlief eine doppelgeschossige Empore, die mit einer Unzahl biblischen Bildern geschmückt war, und auch die Decke war im 18. Jahrhundert komplett ausgemalt. Die immer noch 80 Motive umfassende, nach Vorlagen von Matthäus Merian dem Älteren im 17. Jahrhundert geschaffene bunte Bilderwelt wurde leider nicht wiederhergestellt, so dass heute nur noch acht Gemälde auf der Miniempore ein ziemlich klägliches Dasein fristen. Stattdessen wird im Innenraum nun vor allem auf die Schlichtheit der 1950er-Jahre gesetzt.

Route D: Leben wie Gott in Frankfurt – Religiöse Orte

9: 50.1165338, 8.6839774 (Kreuzigungsgruppe) und
50.117489, 8.683802 (Kirche)

Peterskirche
Stephanstraße, Bleichstraße 33
Baujahr: 1895

Ein Mainzer in Frankfurt? Den kulturellen Zusammenhalt des Rhein-Main-Gebiets feierte der Mainzer Hofbildhauer Hans Backoffen (1470-1519) ja schon im Frankfurter Dom, aber man findet den Hauptvertreter des „spätgotischen Barock" auch im Freien mit einer 1511 geschaffenen „Lightversion" der Kreuzigung in der Stephanstraße vor Kirche und Friedhof. Die Gruppe besteht zwar nur aus drei Figuren mit Jesus am Kreuz, Maria und Lieblingsjünger Johannes, aber dafür wird sie städtebaulich ungleich prägnanter in Szene gesetzt.

Die dahinter liegende Peterskirche ist ein historistischer Ersatz für den Ende des 19. Jahrhunderts zu klein gewordenen spätgotischen Vorgängerbau. Die Berliner Architekten Hans Grisebach und August Dinklage konnten sich dabei stilistisch nicht so ganz entscheiden, und so finden sich sowohl Elemente der Romanik, Gotik und Renaissance. Nach dem Krieg im Innenraum nur noch spartanisch wiederhergestellt, wird die Peterskirche seit 2004 unter dem Namen jugend-kultur-kirche sankt peter als kirchennahes Veranstaltungszentrum genutzt.

10: 50.120998, 8.664426

Westendsynagoge
Freiherr-vom-Stein-Straße 30-32
Baujahr: 1908 bis 1910

Seit über 900 Jahren ist Frankfurts Geschichte auch eine jüdische Geschichte, keine andere deutsche Stadt hat eine so lange jüdische Tradition. Die Westend-Synagoge überstand als einzige der ehemals vier großen Synagogen die dunklen Zeiten des Nazi-Regimes. Der Liechtensteiner Architekt Franz Roeckle, später in der Initiative „Neues Frankfurt" um Ernst May tätig und frühes NSDAP-Mitglied, hatte den kurz nach seinem Staatsexamen entstandenen Siegerentwurf der Bauausschreibung als Jugendstil-Glaubenspalast mit neoklassizistischen und maurischen Zitaten konzipiert. Im reich dekorierten, in den Farben Blau und Gold gehaltenen Innenraum finden bis zu 1.600 Personen Platz. Als am 10. November 1938 einige SA-Männer Feuer in der Synagoge legten, löschte die Feuerwehr den Brand, anstatt nur das Übergreifen der Flammen auf die Nachbargebäude zu verhindern, und auch in den Folgejahren entging der Bau dem drohenden Abriss, obwohl Dach und Innenraum schwer beschädigt waren. In den Jahren 1948 bis 1950 unter der Bauleitung des „Neuen Frankfurt"-Grafikers Hans Leistikow modernisiert, wurde die ursprüngliche Jugendstil-Atmo in den Jahren 1988 bis 1994 bei der umfassenden Renovierung wiederhergestellt. So gibt es in Frankfurt keinen passenderen Ort, um der knapp 12.000 während der NS-Zeit deportierten und ermordeten Frankfurter Bürger jüdischen Glaubens zu gedenken.

Route D: Leben wie Gott in Frankfurt – Religiöse Orte

11: 50.155501, 8.687407
Kreuzkirche
Weinstraße 37
Baujahr: 12. Jahrhundert, 1716 bis 1742

Eigentlich eine kleine barocke Dorfkirche wie viele andere, sollte man meinen, und doch birgt die Kreuzkirche im Stadtteil Preungesheim eine faustdicke Überraschung. Die zum Deutschen Orden gehörende Kirche band nicht nur den wahrscheinlich aus dem 12. Jahrhundert stammenden Turm des Vorgängerbaus mit ein, links und rechts der Apsis fand man gut erhaltene Fresken einer thronenden Madonna und des heiligen Georgs aus dem späten 13. Jahrhundert von bemerkenswerter künstlerischer Qualität. Auch schön: Die um das Jahr 1716 ergänzte Renaissance-Kanzel, Empore sowie Altar-Wandgemälde und ein Glasfenster mit Martin Luther von Otto Linnemann (1947).

12: 50.181501, 8.663966
Evangelische Kirche Bonames
Homburger Landstraße 624
Baujahr: spätes 15. Jahrhundert, 1642 bis 1661

Auch die evangelische Kirche in Bonames hat ihre wehrhaften Ursprünge im Mittelalter, genauer im späten 15. Jahrhundert. Nach einer Brandschatzung im Schmalkaldischen Krieg erfolgte der Innenausbau zu einer barocken Saalkirche. Schnuckelig ist vor allem die bemalte Empore, deren zwanzig Bilder mit Szenen aus Altem und Neuem Testament zwar keinen Galeristen glücklich machen würden, die aber der Kirche ein sehr authentisches religiöses Bilderbuch des frühen Barocks verpassen. Aufbau und Innenausstattung der einzigen Frankfurter Patronatskirche waren außerdem eng angelehnt an das Vorbild der St. Katharinenkirche, so dass sich der Besuch für Frankfurter Geschichtsinteressierte doppelt lohnt.

13: 50.188598, 8.635694
Laurentiuskirche Kalbach
Kalbacher Hauptstraße 7
Baujahr: 1733 bis 1765

Ob es an den Tiroler Handwerkern lag, die beim Bau der St. Laurentiuskirche mitwirkten, ist zwar reine Spekulation, aber die barocke Ausstattung der von C. und J. Fritz entworfenen Saalkirche verweist definitiv eher nach Süddeutschland. Hochaltar und Seitenaltäre stammen von unbekannten Künstlern des 17. und 18. Jahrhunderts und sorgen für einen der harmonischsten Frankfurter Kirchenräume.

14: 50.098835, 8.548785
St. Justinuskirche
Justinusplatz 3
Baujahr: 830 bis 850, 1441

Und zum Finale noch einmal auf in Frankfurts Westen: Wesentlich weniger bekannt als der Dom, kunsthistorisch aber strenggenommen wertvoller ist die Justinuskirche im Stadtteil Höchst, die wie ein gestrandetes mittelalterliches Steinschiff auf einem Felsen über Main und Altstadt thront. Die Anfänge der Basilika liegen in der Karolingerzeit, womit sie eine der ältesten erhaltenen Kirchen in Deutschland ist. Gerade die aus der Frühzeit stammenden Kapitelle im Langhaus genießen unter Kunstexperten Weltruhm. Schön ist aber auch der spätgotische Hochchor und das Nordportal sowie der heute auf der linken Seite stehende Kreuzaltar eines unbekannten Wormser Meisters (1485). Neben der Kreuzigung zeigt der Altar auch die legendäre Wiederauffindung des Kreuzes durch die römische Kaiserin Helena, ein eher seltenes religiöses Motiv. Der Hochaltar stammt hingegen aus der Barockzeit und wirkt in den geschichtsträchtigen Gemäuern zugegebenermaßen etwas befremdlich.

Route D: Leben wie Gott in Frankfurt – Religiöse Orte

Route E

Häuserschau Teil 2
Herrschaftliche Bauten in der übrigen City

RADSTRECKE: ca. 53 km (mit Auto länger)
START: S-Bahn-Haltestelle „Frankfurt-Höchst"
ENDE: S-Bahn-Haltestelle „Sindlingen Bahnhof"

Wie wächst eine Stadt, wenn die Mauern verschwinden? Selten genug geschieht das nach einem großflächigen Masterplan, denn meistens baut sich urbanes Wachstum eher zufällig auf, stufenweise entlang einzelner Bebauungsachsen und zuweilen in regelrechten Baubooms. Das war in Frankfurt nicht anders. Nach dem Fall der ab 1804 geschleiften Stadtmauern begann die rasante Entwicklung von Frankfurt zu einer europäischen Großstadt im Sinne eines im Jahr 1809 beschlossenen Baustatuts kurz darauf in den Stadtteilen Westend, Nordend und Ostend sowie am Mainufer. Während sich in Nordend und Ostend eher mittlere Bürgerschichten niederließen, wurde das Westend die Top-Adresse der Reichen und Wichtigen in Frankfurt. Die historischen Bauten im Westend waren im Übrigen in den 1970er-Jahren Spielwiese von skrupellosen Immobilienhaien und Schauplatz erbitterter Auseinandersetzungen mit studentischen Hausbesetzern. Auch wenn viel Bausubstanz in dieser Zeit der Spekulation zum Opfer fiel, bieten die Villenviertel noch heute ein nobles Zuhause für betuchte Mainstädter. Auch im Süden auf der Sachsenhäuser Seite bauten sich im späten 19. Jahrhundert wohlhabende Bürger entlang der heute Kennedyallee genannten Forsthausstraße ihre Anwesen, wenn sie des turbulenten Stadtlebens müde waren und naturnah wohnen wollten. Nicht zuletzt die Eingemeindung des bis 1928 eigenständigen Stadtteils Höchst ergänzte die Liste der sehenswerten Frankfurter Gebäude um einige Top-Adressen. So startet die zweite Häuserschau-Route konsequenterweise tief im Westen von Frankfurt.

1: 50.098211, 8.547313

Schloß Höchst
Höchster Schloßplatz 16
Baujahr: 13. bis 14. Jahrhundert, 1586

Es war die zentrale Lage an der Kreuzung mehrerer mittelalterlicher Fernstraßen und am Zusammenfluss von Main und Nidda, die Höchst zu einem lukrativen Außenposten der Mainzer Erzbischöfe machte. Von der seit dem 12. Jahrhundert belegten Zollburg ist der Bergfried aus dem 14. Jahrhundert erhalten, immer noch der zentrale Punkt der Höchster „Skyline", obwohl die Dachhaube erst 1681 auf den Turm gesetzt wurde. Das Schloß wurde Ende des 16. Jahrhunderts im Stil der Renaissance erbaut, aber zu großen Teilen während des Dreißigjährigen Krieges 1635 niedergebrannt und danach nicht wieder aufgebaut. Schade, denn gerade die Hauptfassade zum Main hin mit Ziergiebeln und Laubengang muss echt klasse ausgesehen haben. Übrig ist heute noch das repräsentative Renaissance-Torhaus im Osten mit einem Fries des heiligen Martin. Weiter westlich steht außerdem noch das bischöfliche Gästehaus im Kavaliersbau, auch Neues Schloß genannt. Das Anwesen ist im Besitz der Deutschen Stiftung Denkmalschutz und alljährlich Kulisse des weit über Frankfurts Grenzen hinaus beliebten Schloßfestes.

2: 50.101144, 8.552266 (Bolongaropalast) und
50.100307, 8.552496 (Emmerichpavillon)

Bolongaropalast
Bolongarostraße 109
Architekt: J. J. Schneider
Baujahr: 1772 bis 1774

Ein Stein gewordener Palast der gescheiterten Integration ist dieser spätbarocke Traum hoch über der Niddamündung, denn eigentlich wollten die vom Lago Maggiore stammenden Bolongaro-Brüder ja viel lieber Frankfurter werden. Um 1735 hatten sich die Kaufleute und Tabakfabrikanten Josef Maria Markus und Jakob Philipp Bolongaro in Frankfurt angesiedelt und dort die größte Schnupftabakfabrik Europas gegründet. Reiche erzkatholische Italiener waren aber den Frankfurter Ratsherren suspekt, so dass den beiden Tabakkapitalisten das Bürgerrecht zunächst verwehrt blieb und sie sich im Jahr 1768 gefrustet in Höchst niederließen. Obwohl an anderer Stelle schon Klassizismus en vogue war, gab hier der Barock noch mit einem letzten Prunkbau und einer über 117 Meter ausgedehnten Fassade sein Finale.

4: 50.11746, 8.652397

Senckenbergmuseum
Senckenberganlage 25
Architekt: Ludwig Neher
Baujahr: 1904 bis 1907

Wenden wir uns nach Norden in Richtung des Senckenbergmuseums. Die Dinos stehen dieses Mal nicht im Mittelpunkt eines der bedeutendsten Naturkundemuseen Europas, denn das Gebäude selbst ist ziemlich eindrucksvoll. Museumsträger ist die Senckenberg Gesellschaft für Naturforschung, die aber nur indirekt auf die Stiftung von Johann Christian Senckenberg aus dem Jahr 1763 zurückgeht. Der neobarocke Bau wird gekrönt von, nein, nicht dem Sensenmann: Es ist Saturn, der römische Gott der Aussaat, der mit Stundenglas und Sense auf den richtigen Zeitpunkt für die nächste Ernte wartet. Den Reigen auf dem Dach komplett machen weitere mythologische Motive mit einem reitenden Triton und die Entführung der Europa von Zeus im Stiergewand. Gefertigt wurden die Kupferskulpturen von der Bockenheimer Metallgießerei G. Knodt.

5: 50.123589, 8.653502
Villa Leonhardi
Zeppelinallee 18
Architekt: Nicolas Alexandre Salins de Montfort
Baujahr: 1806, 1987 bis 1989

Eine Gartenvilla auf Rädern, damit könnte man die Geschichte der Villa Leonhardi umschreiben. Ursprünglich war die heute wie selbstverständlich am östlichen Rand des Palmengartens platzierte Villa nämlich in den frisch eingeebneten Wallanlagen der Bockenheimer Anlage in der Nähe des Eschenheimer Tors zu Hause. Dort ließ sie der vor der französischen Revolution nach Frankfurter geflohene Pariser Stararchitekt Salins de Montfort (der auch das Nebbiensche Gartenhaus entwarf) errichten. Nach mehreren Besitzerwechseln wurde das Häuschen 1905 erst einmal abgerissen, nur das unter Denkmalschutz stehende Entree wurde 1912 vom Frankfurter Tennisclub für das Clubhaus am Palmengarten wiederverwendet. Als 1987 der FTC dort seine Zelte abbrach und nach Eschersheim zog, war die Chance für eine umfassendere Rekonstruktion gekommen. So steht die Villa seit 1989 wieder weitgehend originalgetreu an der Zeppelinallee und dient unter wechselnden Besitzern als Café und noble Party-Location.

6: 50.121699, 8.65684
Gesellschaftshaus Palmengarten, Festsaal
Palmengartenstraße 11
Architekten: Heinrich Theodor Schmidt, Friedrich von Thiersch, Ludwig Neher, Ernst May, Martin Elsaesser
Baujahr: 1879, 1898,

Frankfurt wird oft als Stadt der Gegensätze beschrieben, doch nur an wenigen Gebäuden kann man das so unmittelbar nachlesen wie am Gesellschaftshaus des Palmengartens. Fünf Jahre nach der 1866 durch die Preußen vorgenommenen Degradierung von Frankfurt zur Provinzstadt von Hessen-Nassau war die Gründung des Palmengartens ein Ventil für das schwer angeknackste städtische Selbstbewusstsein. Der Pflanzenbestand des Palmengartens profitierte dabei vor allem vom Biebricher Schlossgarten des klamm gewordenen Herzogs Adolph zu Nassau und der cleveren Verhandlungsstrategie Heinrich Siesmayers. Dazu entstand 1871 im klassizistischen Stil ein Gesellschaftshaus, welches das nach Vorbild der Pariser Weltausstellung geschaffene Palmenhaus gleich als romantischen Indoor-Garten mit einschloss, ein in Europa einzigartiges Zusammenspiel aus Gartenkunst und Repräsentation. Der Bau stand gerade mal sieben Jahre, bevor er ein Opfer der Flammen wurde. So wurde das Gebäude von Schmidt und von Thiersch in Rekordzeit im Stil der Neorenaissance wieder aufgebaut, die Malerarbeiten übernahm Johann Georg Klimsch. 1898 bekam der Festsaal noch einmal einen neuen Look, bevor in den späten 1920er-Jahren Elsaesser und May die Südfront im Bauhaus-Stil relativ brutal umgestalteten. Die unansehnliche Vertäfelung der 1950er-Jahre wurde glücklicherweise wieder entfernt, so dass seit 2012 der Festsaal wieder im historistischen Prunk glänzt. Leider nimmt die in Abstimmung mit dem Pächter eingezogene aberwitzige Trapezkonstruktion der imposanten Tageslichtdecke mit den XXXL-Kronleuchtern vieles seiner ursprünglichen Wirkung. Für einen schönen Tanzball unter Palmen und an historisch einzigartiger Stelle braucht doch nun wirklich niemand einen Hochseilkünstler am Trapez, oder?

8: 50.125068, 8.667653 (Poelzigbau) und
50.126291, 8.667211 (Nymphenfigur „Am Wasser")

I.G.-Farbenhaus/Poelzigbau
Norbert-Wollheim-Platz, Nina-Rubinstein-Weg
Architekt: Hans Poelzig
Baujahr: 1928 bis 1931

Als sich nach dem Ersten Weltkrieg die acht größten deutschen Chemieunternehmen zu einem Konsortium zusammenschlossen, fiel die Wahl des Firmensitzes auf Frankfurt. Auf dem Gelände der früheren „Städtischen Irrenanstalt" entstand dieser neungeschossige Koloss in Stahlbeton mit seiner 250 Meter breiten und 35 Meter hohen geschwungenen Travertinfassade. Der Berliner Architekt Poelzig entwarf den Bau in einer Mischung aus Neo-Klassizismus, Expressionismus und Neuer Sachlichkeit und schuf damit eines der seinerzeit größten Bürogebäude Europas. Unter den Nazis schwang sich die I.G.-Farben zu einem ‚world player' in Sachen Chemieprodukte auf und belieferte die Machthaber mit rüstungsrelevanten Produkten, Synthetik-Kautschuk und dem zunächst als Insektenbekämpfungsmittel gedachten Zyklon B, mit dem der KZ-Massenmord industrielle Ausmaße bekam. Ab März 1945 wurde das Gebäude Hauptsitz der US-Besatzungsmacht und ab 1952 Europazentrale der US-Streitkräfte. Nach dem Abzug der Amerikaner dient das Gebäude seit 2001 der Goethe-Uni als Campus. In der weitläufigen achsensymmetrischen Gartenanlage, die Poelzig mit dem Frankfurter Gartenbaudirektor Bromme und Karl Foerster entwarf, findet sich zwischen Hauptgebäude und Kasino ein Terrassenpark mit stufig angeordnetem Becken samt Wasserfall und der von Fritz Klimsch geschaffenen Bronzenymphe „Am Wasser" (1930).

7: 50.120288, 8.659784
Villa Bonn
Siesmayerstr. 12
Architekt: Ernst Eberhart von Ihne
Baujahr: 1895 bis 1897

Durch den Bau des Palmengartens avancierte das Westend endgültig zur Frankfurter Top-Adresse. Kurze Zeit später entstand auch dieser Renaissance inspirierte Stadtpalast. Geplant hat die für den einflussreichen Frankfurter Bankier Bonn errichtete Villa der Berliner Hofbaumeister von Ihne, der unter anderem auch den Witwensitz der Kaiserin Victoria in Kronberg, Schloss Friedrichshof, erbaut hatte. Da die Villa die Kriegstage weitgehend unbeschadet überstand, hatte hier ab 1945 Frankfurts erster Nachkriegs-OB Walter Kolb bis zum Wiederaufbau des Frankfurter Römers seinen Dienstsitz.

9: 50.118808, 8.666255

Liebigstraße 12
Architekt: F. J. Schmitt
Baujahr: 1877

Dieses Haus ist wahrscheinlich eine der leckersten Möglichkeiten, Klassizismus kennen zu lernen, befindet sich doch im Erdgeschoss dieses Eckmietshauses eine renommierte Pizzeria. Das Haus entstand nach einem Entwurf des Frankfurter Architekten Schmitt in spätklassizistischer Formensprache. Die Fassade mit einer von Frauenfiguren getragenen Kuppel und allegorischen Reliefs in der Beletage gehört jedenfalls zu den schönsten im Frankfurter Westend.

10: 50.116639, 8.660649

Lindenstraße 27
Architekt: Alexander von Lersner
Baujahr: 1896, 1897

Von außen sehr respektabel, kann das Anwesen in der Lindenstraße 27 aber mit einer schlimmen Vergangenheit aufwarten. Der schlossartige Monumentalbau des ehemaligen Cronstetten und Hynspergschen Damenstifts wurde nach einem Entwurf des Frankfurter Architekten von Lersner als neobarocke Vierflügelanlage um einen Innenhof konzipiert. Traurige Berühmtheit bekam das unter den Nazis zwangsenteignete Gebäude als Gestapo-Zentrale für Frankfurt. Dort arbeiteten ab 1940 ca. 140 Gestapo-Mitarbeiter und fanden unzählige Verhöre statt. Nach Kriegsende wohnte hier der Frankfurter Oberbürgermeister, bevor ab 1950 die Cronstetten-Stiftung das Gebäude wiederbekam und es derzeit einer Privatbank als Frankfurter Chefsitz dient.

11: 50.115114, 8.665596

Livingston'sches Stallgebäude

Ulmenstraße 20
Architekt: Carl Ludwig Schmidt
Baujahr: 1888

Der 1824 geborene Markus Löwenstein alias Marks John Livingston hatte es als Amerikaauswanderer in Zeiten des Goldrausches zum Multimillionär gebracht. Zu seinem Altersruhesitz wählte er das Frankfurter Westend. Seine Villa an der Bockenheimer Landstraße hat sich nicht erhalten, sehr wohl aber der Pferdestall. Die neobarocke Dreiflügelanlage hat als feudales „Schloss de Gaul" eine beeindruckende Sandsteinfassade mit Skulpturenschmuck, Uhrtürmchen und selbst ein Aufzug für die Pferde fehlte nicht. Momentan wird das Gebäude vom Frankfurter Presseclub als Tagungsort und Restaurant genutzt.

13: 50.114778, 8.670299
Kameha Suite
Taunusanlage 20
Architekten: H. Ritter und T. Martin
Baujahr: 1898 bis 1900

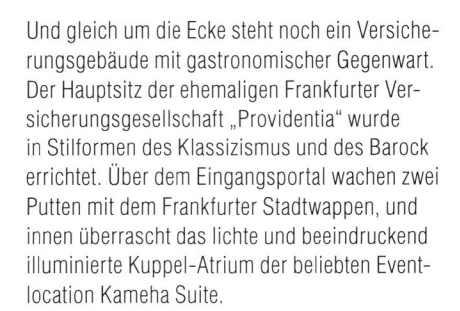

Und gleich um die Ecke steht noch ein Versicherungsgebäude mit gastronomischer Gegenwart. Der Hauptsitz der ehemaligen Frankfurter Versicherungsgesellschaft „Providentia" wurde in Stilformen des Klassizismus und des Barock errichtet. Über dem Eingangsportal wachen zwei Putten mit dem Frankfurter Stadtwappen, und innen überrascht das lichte und beeindruckend illuminierte Kuppel-Atrium der beliebten Eventlocation Kameha Suite.

12: 50.114343, 8.668778
Ivory Club
Taunusanlage 15
Architekten: Josef Rindsfüßer und Martin Kühn
Baujahr: 1908, 1909

Dass man mit Versicherungen gutes Geld machen kann, beweist dieses monumentale Geschäftshaus des Neoklassizismus mit Jugendstilelementen. Entworfen hat den ehemaligen Stammsitz der Frankfurter Transport-, Unfall- und Glasversicherungs A.G das Frankfurter Architektenduo Rindsfüßer/Kühn, das insbesondere im Bahnhofsviertel noch einige andere Geschäftsgebäude errichtete. Die monumentalen Plastiken an der gegliederten Fassade zur Guiollettstraße hin erinnern stark an die Jugendstil-Arbeiten Ludwig Habichs auf der Darmstädter Mathildenhöhe. Im Erdgeschoss befindet sich seit einigen Jahren das Nobelrestaurant Ivory Club.

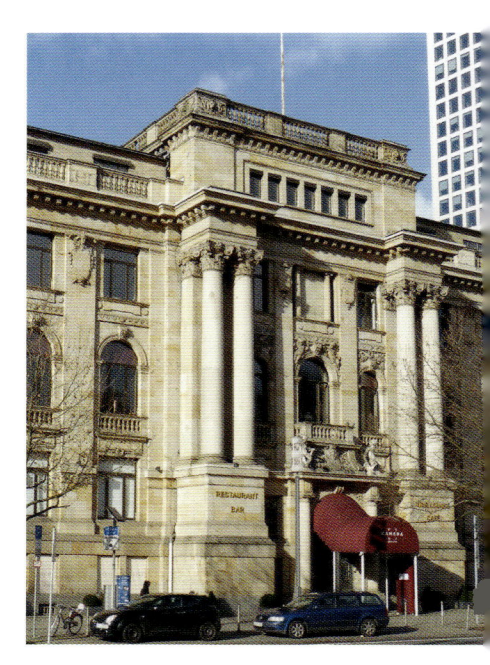

14: 50.126193, 8.679237
Holzhausenschlösschen
Justinianstraße 5
Architekt: Louis Remy de la Fosse
Baujahr: 1729

Barocke Wasserschloss-Idylle mitten im Nordend? Das Holzhausenschlösschen gehört zwar heute fast schon zur City, aber selbst noch zu Goethes Zeiten war der Besuch eher eine Landpartie. Hier stand spätestens im 16. Jahrhundert eine Wasserburg, auf deren Fundamenten sich Johann Hieronymus von Holzhausen nach Plänen des Darmstädter Residenzschloss-Bauers de la Fosse ein kleines Wasserschlösschen als Sommersitz für seine Familie errichten ließ. Der Park muss ursprünglich deutlich größer gewesen sein, wie man am Eingangstor am Oeder Weg sieht. Aber auch jetzt ist der Holzhausenpark eine der schönsten „grünen Lungen", erst recht, seitdem wieder Wasser im Burgweiher ist. Die Innenausstattung wurde leider kriegsbedingt zerstört, und so dient das modernisierte Schlösschen nunmehr der Frankfurter Bürgerstiftung als feudales Domizil und Veranstaltungsort.

15: 50.18078, 8.66481
Metzler'sches Palais Bonames
Alt-Bonames 6
Architekt: Rudolf Burnitz
Baujahr: 1827

Knappe acht Kilometer Luftlinie weiter nördlich in Bonames war man im 19. Jahrhundert für Frankfurter Verhältnisse endgültig „jwd". Dort erbaute der Frankfurter Klassizismus-Architekt Rudolf Burnitz ein Landhaus für den Senator und Teehändler Schmidt, das heute als Metzlersches Palais bekannt ist. Wie auch schon beim Saalhof bewies der Architekt viel Feingefühl mit historischer Bausubstanz und integrierte in das Landhaus gleich noch einen aus dem frühen 15. Jahrhundert stammenden Turm der Bonameser Ortsbefestigung. Den Garten des kleinen Anwesens gestaltete im Übrigen der Frankfurter Stadtgärtner Sebastian Rinz, der zu Beginn des 19. Jahrhunderts auch die gärtnerischen Arbeiten in den Wallanlagen, am Hauptfriedhof und der Nizza am Mainufer leitete.

16: 50.097348, 8.669714
Villa Kennedy alias Villa Speyer
Kennedyallee 70
Architekt: Alfred Günther
Baujahr: 1904, 2003 bis 2006

Springen wir noch einmal in den Süden von Frankfurt an die Kennedyallee, wie die ehemalige Forsthausstraße kurz nach der Ermordung des US-Präsidenten umbenannt wurde. Im 19. Jahrhundert war hier eine bei Frankfurts Reichen sehr beliebte Adresse, wenn man dem Lärm der Stadt entfliehen wollte, was heute bei vielspurig ausgebautem Autobahnzubringer und Fluglärm etwas grotesk anmutet. Der Frankfurter Bankier Eduard Beit von Speyer ließ hier in neugotischem Stil seine Villa errichten. Die Stadt Frankfurt enteignete 1937 das Gebäude und stellt es dem Kaiser-Wilhelm-Institut für Biophysik zur Verfügung. Nach dem Krieg hauste hier das Max-Planck-Institut, bevor es 2003 zu einem Luxushotel umgewandelt wurde.

17: 50.089758, 8.664645
Villa Mumm
Kennedyallee 151
Architekt: Aage von Kauffmann
Baujahr: 1902 bis 1904

Auf halber Strecke zum Stadtwald liegt abseits der Straße in einem Park die Villa Mumm. Auch wenn in Frankfurt Schlösser weitgehend fehlen, kommt diese Prunkvilla dem schon ganz schön nahe. Die Villa Mumm wurde vom „Champagnerbaron" Hermann Mumm von Schwarzenstein und seiner Ehefrau in Sachsenhausen auf einem etwa 125.000 m² großen Grundstück erbaut. Der Entwurf stammt von dem dänischen Architekten von Kauffmann. Das historistische Kleinod wird wegen der stilistischen Ähnlichkeit zur Alten Oper auch als „Kleine Oper" bezeichnet und war im Rahmen der Bewerbung von Frankfurt als Bundeshauptstadt in den Nachkriegsjahren sogar mal als Sitz des Bundespräsidenten angedacht. Das herrschaftliche Anwesen mit grandiosem Treppenhaus und Festsaal wird inzwischen als Chefetage des Bundesamtes für Kartographie und Geodäsie genutzt.

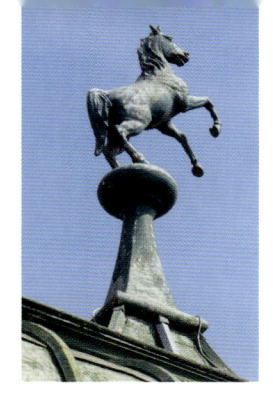

19: 50.077644, 8.520151
Villa Meister
Weinbergstraße 9
Architekt: Franz von Hoven
Baujahr: 1902

Für die letzte Station geht es dann noch einmal knappe 12 Kilometer nach Westen an das Sindlinger Mainufer. Auf einer Anhöhe über dem Fluss ließ einer der Gründer der Hoechst AG, Herbert von Meister, für sich und seine Familie einen Herrschaftssitz erbauen, der weit genug von den Geruchsbelästigungen seiner Firma entfernt war und doch kurze Wege sicherte. Das in Neobarock gehaltene Anwesen plante der Königlich-Preußische Baurat von Hoven, der auch bei der Erweiterung des Frankfurter Rathauses mitgewirkt hatte. Park und Orangerie sind im Stadtteil beliebte Treffpunkte, in der Villa selbst ist ein Reha-Zentrum für Suchtkranke untergebracht.

18: 50.078648, 8.653277
Villa Manskopf
Flughafenstraße 4
Baujahr: 1894

Fast schon an der Grenze zum Stadtwald ließ die Frankfurter Weinhändlerfamilie Manskopf diese Villa im Stile der Neorenaissance errichten. Dass insbesondere Hausherr Gustav Dominicus Manskopf der Kunst zugeneigt war, bewies er nicht nur mit großzügigen Spenden für Justitia- und Herkulesbrunnen am Römer, auch das Treppenhaus beeindruckt mit edler Vertäfelung und einem repräsentativen Kamin. Seit 2011 ist hier das Bildungszentrum des Hessischen Handels zuhause.

Route E: Häuserschau Teil 2 – Herrschaftliche Bauten in der übrigen City

Route F

Häuserschau Teil 3
Fachwerkidylle in Frankfurt

RADSTRECKE: ca. 60 km (mit Auto länger)
START: Tram-Haltestelle „Bolongaropalast"
ENDE: Bus-Halte stelle „Heimatmuseum Bergen-Enkheim"

Im März 1944 wurde die Frankfurter Altstadt von britischen Kampfbombern dem Erdboden gleich gemacht. Über 2.000 Fachwerkhäuser einer der schönsten mittelalterlichen Stadtkerne Europas gingen im Flammenmeer unter, und nur ein einziges Haus überstand diese dunklen Zeiten. Doch die Sehnsucht nach einem Stückchen Heimat inmitten all der Bankentürme blieb bei vielen Frankfurtern ungebrochen, und so entstehen gut 30 Jahre nach den Rekonstruktionen auf der Ostseite des Römerbergs gerade aktuell weitere 15 Altstadthäuser neu. Besser sieht das in einigen Frankfurter Stadtteilen aus, vor allem in Höchst und Niederursel, wo es sich an manchmal etwas versteckten Stellen lohnt, Frankfurts Fachwerkvergangenheit nachzuspüren.

1: 50.09872, 8.547717
Höchster Altstadt
Höchster Schloßplatz
(14. bis 18. Jahrhundert)

Frankfurt ist mit der Höchster Altstadt die einzige deutsche Metropole, in der die Deutsche Fachwerkstraße Station macht. Auf rund 7,5 Hektar weist der über 1.000 Jahre lang zu Kurmainz gehörende Stadtteil das zahlenmäßig größte Fachwerkensemble Frankfurts auf. Zwei verheerende Brände in den Jahren 1586 und 1778 sorgen zwar für ein Mittelalter-Defizit, aber dafür sparte der zweite Weltkrieg die Altstadt weitgehend aus. Spätestens seit 1972, als der Gesamtbereich als Ensemble unter Denkmalschutz gestellt wurde, besinnt man sich hier auf die Werte alter Bausubstanz. Aber auch heute gibt es neben mustergültigen Rekonstruktionen noch die eine oder andere Schmuddelecke und wird irgendwo immer in der Altstadt gebastelt.

Unbestrittenes Highlight ist der Schloßplatz [1]. Gleich drei altehrwürdige Gasthäuser aus dem 18. Jahrhundert wetteifern mit ihrer Außengastronomie um den lauschigsten Altstadtblick auf Zollturm, Zollhaus (14. Jahrhundert) und den Resten des Schlosses. Auch in der angrenzenden Gasse Burggraben finden sich viele mustergültig restaurierte Fachwerkschätzchen aus barocker Zeit.

2: 50.09889, 8.546947 Bolongarostraße 173
3: 50.098429, 8.545507 Bolongarostraße 186

Zwei weitere Häuser sind in der Höchster Altstadt ein Muss: Das Haus zum Anker [2] in der Bolongarostraße 173 ist eines der ältesten spätgotischen Fachwerkgebäude der Altstadt und entstand ab 1482. Knapp 100 Jahre jünger ist der Dalberger Hof [3] (Bolongarostr. 186), zunächst in Kronberger Besitz und lange Jahre Eigentum der Familie von Dalberg, die mehrere Erzbischöfe und Schlossherren stellten. Aber nehmen Sie sich ruhig ein bisschen mehr Zeit für einen Spaziergang durch die verwinkelten Gässchen des alten Höchst, wenn Sie echt historisches Flair schnuppern wollen, zumal Schloß, Bolongaropalast und Justinuskirche ja quasi um die Ecke liegen.

4: 50.1197, 8.56694
Altes Rathaus
Alt-Sossenheim 41
Baujahr: frühes 17. Jahrhundert

Auch wenn man im Frankfurter Stadtgebiet alte Bausubstanz oft mit der Lupe suchen muss, gibt es immer noch sieben ehemalige Fachwerkrathäuser zwischen Mittelalter und Neuzeit. Den Anfang macht dieses barocke Musterexemplar in Alt-Sossenheim. Entstanden auf spätgotischem Fundament, prunkt das privat genutzte Häuschen mit aufwändigem Fachwerkgefüge und Eingangserker. Bis zum späten 19. Jahrhundert war das Gebäude Amtssitz des bis 1928 selbständigen Stadtteils.

5: 50.12407, 8.61408
Petrihaus
Am Rödelheimer Wehr 15
Baujahr: Um 1720, 1820

Das Petrihaus in Rödelheim ist im Kern ebenfalls ein Fachwerkgebäude, auch wenn man es ihm nicht sofort ansieht. Sehr romantisch im Brentanopark unmittelbar an der Nidda gelegen, wurde das Häuschen ursprünglich für den Rödelheimer Bäckermeister Johannes Petri errichtet. Knapp 100 Jahre später erwarben es die Brentanos, die das Gebäude im klassizistischen Stil mit flachem Dach und antikisierendem Balkon umgestalteten - Schinkelscher Landhaus-Style lässt grüßen. Nach dem Krieg zwischenzeitlich als Betriebshof der Stadtentwässerung genutzt, war das Petrihaus in den 1980er Jahren eigentlich abbruchreif. Doch mit Frankfurter Bürgergeist sowie finanzieller Unterstützung von Fraport und Land Hessen wurde das Häuschen bis 2003 für ca. 1,4 Millionen umfassend restauriert. So glänzt jetzt auch innen wieder Georg Brentanos Arbeitszimmer und der weiße Salon – ein absolutes Muss für Freunde der Romantik-Ära des frühen 19. Jahrhunderts.

6: 50.110484, 8.68242
Römer-Ostzeile
Römerberg
Baujahr: 1986

Auf dem Samstagsberg, dem östlichen Teil des Römerbergs, wurde schon im frühen Mittelalter Gericht gehalten, auch der Weihnachtsmarkt hat hier Jahrhunderte lange Tradition. Die Postkartenidylle mit Domblick und Krönungsweg wurde im zweiten Weltkrieg Raub der Flammen. In den nach Moderne drängenden 1970er-Jahren entwarf pikanterweise Frankfurts OB „Dynamit-Rudi" Arndt den städtebaulichen Plan, über dem U-Bahnhof Römerberg-Bauten „in der Art der ehemaligen Altstadthäuser entstehen" zu lassen. Nach einer Bürgerumfrage nahmen die Konzepte für die Römer-Ostzeile schnell Form an, wenn auch nach erbitterten politischen Kontroversen. Selbst die New Yorker International Herald Tribune berichtete über die „Battle of the Buildings in ‚Bankfurt' on the Main". Doch letztlich setzten sich die Nostalgiker durch, und so schließen seit dem Jahr 1986 Großer und Kleiner Engel, Goldener Greif, Wilder Mann, Kleiner Dachsberg, Großer Laubenberg, Kleiner Laubenberg und Schwarzer Stern den Römerberg in Richtung Dom und Schirn ab. Und auch wenn die modernen Anbauten der Häuser immer noch für erstaunte Blicke sorgen, ist das Römerberg-Panorama ohne die erschwindelte Historienkulisse einfach nicht mehr komplett.

7: 50.109634, 8.681988
Haus Wertheym
Fahrtor 1
Baujahr: Um 1600

Das Haus Wertheym überstand als einziges Altstadt-Fachwerkhaus den Bombenhagel des Zweiten Weltkrieges. Das 1383 erstmals erwähnte und sowohl im Renaissance-Stil um 1600 als auch durch Historismus des frühen 20. Jahrhunderts maßgeblich geprägte Kontorhaus soll Überlieferungen zufolge zwischenzeitlich als Bordell gedient haben. Während des Krieges garantierte das Haus den Zugang zu den Kellerwelten der Altstadt, markierte den Fluchtweg vom Römerberg zum Mainufer und wurde deshalb von der Feuerwehr permanent bewässert, um ein Abbrennen zu verhindern. Wer weiß, wie viele Frankfurterinnen und Frankfurter dem Haus Wertheym so ihr Leben zu verdanken haben.

8: 50.106274, 8.686422
Schellgasse 8
Baujahr: 1292, 1293

Historische Bausubstanz gibt es auch „dribbdebach" in Sachsenhausen. Als ab 1970 umfangreiche Baumaßnahmen rund um die Walter-Kolb-Straße begannen, hätte für das unscheinbare Fachwerkhäuschen in der Schellgasse 8 fast das letzte Stündlein geschlagen. Vor dem geplanten Abriss wurde das Haus wissenschaftlich unter die Lupe genommen und die Bauzeit auf das späte 13. Jahrhundert datiert. Das ursprünglich als Magazin genutzte Wohnhaus ist damit nicht nur das älteste Fachwerkhaus in Frankfurt, sondern eines von deutschlandweit nur knapp 30 Fachwerkgebäuden aus der Stauferzeit. Bis vor kurzem diente es dem Verein der Freunde Frankfurts als Geschäftsstelle.

9: 50.081616, 8.652683

Eingangshäuschen Rennbahn
Schwarzwaldstraße 125
Baujahr: 1864, 1865

Viel ist nicht mehr von der alten Rennbahn-Herrlichkeit geblieben. Gegründet im Jahr 1865, war der Besuch der Pferderennbahn für viele Frankfurter ein mondänes Event-Highlight, und so mancher hat dort ein Vermögen gemacht ... oder auch verspielt. Der zweite Weltkrieg hat vor Rennbahn und ursprünglichen Tribünen nicht halt gemacht, unbeschädigt blieb aber das Kassenhäuschen, ein echtes Juwel historistischer Fachwerkarchitektur. Die Nachkriegszeit hatte dem Häuschen schwer zugesetzt, so dass es dem Frankfurter Rennclub zu verdanken war, dass der Bau neu mit Schiefer gedeckt, verglast und restauriert wurde. Das brachte dem Törchen den Preis des Frankfurter Denkmals 2011 ein, und auch bei den Planungen zur DFB-Akademie genießt das Gebäude Bestandsschutz.

10: 50.0878889, 8.6269127

Klärwerk Niederrad
Schwanheimer Ufer 167
Baujahr: 1902

Mit architektonischen Verweisen zwischen Neogotik, Historismus und Jugendstil kann dieses von Adolf Göller und Hans Dasen errichtete Verwaltungsgebäude brillieren und hat trotzdem einen ziemlich „anrüchigen" Charakter, handelt es sich doch um das Frankfurter Klärwerk. Fast noch spektakulärer ist das Innenleben mit unterirdischen Klärbecken und Pumpen nach Entwürfen von Stadtbaurat William H. Lindley, seinerzeit die erste mechanische Kläranlage Europas und somit zu Kaiser Wilhelms Zeiten technisch auf dem allerneuesten Stand.

11: 50.128595, 8.680137
Hynspergstraße 11
Baujahr: 1905

Die Hynspergstraße im Frankfurter Nordend liegt zwar direkt am Alleenring, hat sich aber trotzdem ihren ruhigen Villencharme bewahrt. Besonderer Hingucker ist dabei das Mietshaus Nummer elf. Nach einem Entwurf von Johann Georg Mohr errichtet, vermischt die Fassade Elemente des Neobarock und Jugendstils; bekrönt wird das muntere Stilgemisch mit einem Fachwerkobergeschoss und Kuppel.

12: 50.157613, 8.647096
Oranienstraße 18-22
Baujahr: 18. Jahrhundert

Es gibt sicherlich eindrucksvollere Gebäude als die geduckten Häuschen inmitten von „Klaa Paris", wie das fastnachtsbegeisterte Heddernheim auch genannt wird. Doch trotz wenig Glamour geben sie einen guten Eindruck über die Wohn- und Lebensbedingungen der frankfurtnahen Landbevölkerung über die Jahrhunderte hinweg. Ursprünglich mit Stroh gedeckt, lebten in diesen Katen eher die „Otto-Normal"-Heddernheimer.

13: 50.167788, 8.619536
Frankfurter Rathaus [2] und
14: 50.167702, 8.620118
Solms-Rödelheim'sches Rathaus [1]
Rathäuser Niederursel
Alt-Niederursel 28, 31
Baujahr: 1716, 1718

Knappe zwei Kilometer weiter westlich im alten Ortskern von Niederursel stehen in Steinwurfweite gleich zwei Fachwerk-Rathäuser. Ein Fall für den barocken Bund der Steuerzahler? Bereits im 15. Jahrhundert war durch den Verkauf des Dorfes an die Stadt Frankfurt und die Burgherren Kronberg die Grundlage für die Ortsteilung gelegt, und 1712 wurde nach erneutem Zoff bei der gemeinsamen Verwaltung ganz offiziell die Straße Alt-Niederursel als Trennlinie der Herrschaftsbezirke bestimmt. Nördlich herrschten die Herren von Solms, südlich die Reichsstadt Frankfurt, bevor 1898 die Ortsteile zusammengelegt und schließlich 1910 zu Frankfurt eingemeindet wurden. Die beiden barocken Fachwerkrathäuser, kurz nach der offiziellen Teilung in den Jahren 1716 und 1718 errichtet, stehen aber immer noch, und überhaupt ist Niederursels Ortskern neben der Höchster Altstadt immer noch das größte geschlossene Ensemble an denkmalgeschützten Häusern der Mainmetropole.

15: 50.180785, 8.66413
Einhorn
Alt-Bonames 2
Baujahr: Um 1549

Dann ab in Frankfurts „wilden Norden": Auch wenn Bonames aufgrund der angrenzenden Hochhaussiedlung nicht den besten Ruf genießt, atmet der Ortskern am Altarm der Nidda eine Jahrtausende alte Geschichte. Hier hatten schon die Römer eine Herberge auf dem Weg zur Saalburg, und heute setzt das renommierte Lokal „Zum Einhorn" eine über 400 Jahre alte Tradition der Gastlichkeit im vorbildlich restaurierten Renaissance-Fachwerkhaus fort. Doch Goethe-Fans aufgepasst: Das historische Wirtshaus „Zum Einhorn", in dem Susanna Margarethe Brand von einem durchreisenden Handwerker 1770 vermutlich unter Einfluss von KO-Tropfen vergewaltigt wurde, stand hingegen in der Frankfurter Fahrgasse. Knappe acht Monate später brachte die verzweifelte Mittzwanzigerin ihren Sohn direkt nach der Geburt um und wurde deshalb zum Tode verurteilt. Der in Frankfurt viel diskutierte Kriminalfall inspirierte Jung-Rechtsanwalt Johann Wolfgang Goethe zur freien literarischen Aufarbeitung in der Person des Gretchens im Faust.

16: 50.180399, 8.66406

Homburger Landstraße 625
Baujahr: Um 1680

Schräg gegenüber des „Einhorn" befindet sich direkt an der aus dem späten 15. Jahrhundert stammenden Nidda-Brücke ein weiteres Fachwerk-Kleinod. Das barocke Eichen-Fachwerkhaus wurde um 1680 über gemauerten Turmresten der spätgotischen Bonameser Stadtmauer errichtet. Lange Zeit unter schmuddeligem grauen Verputz versteckt, sanierte man das Haus ab 2008 mustergültig und brachte es damit auf den Ehrenplatz des Frankfurter Denkmals des Jahres 2010.

17: 50.189165, 8.639363

Rathaus Kalbach
Kalbacher Hauptstraße 36
Baujahr: 1828

Das Rathaus in Kalbach ist das jüngste der Frankfurter Fachwerkrathäuser, entstand es doch erst in klassizistischer Zeit. Zunächst als Schulgebäude gedacht, erfolgte 1915 die Umwidmung zum Rathaus. Eine kleine Datenschummelei ist die ältere Eichentür aus dem Jahr 1754, die hier aber erst zum Ende der 1970er-Jahre eingebaut wurde. Macht sich dort aber sehr gut, oder? Auch die jetzige Nutzung des ehemaligen Ratssitzes hat offiziellen Charakter, denn hier sind das Bürgeramt Kalbach und ein Schiedsmann zuhause.

18: 50.130474, 8.714255

Rathaus Bornheim
Berger Straße 314
Baujahr: 1770

Bleiben wir noch ein bisschen bei den Ex-Rathäusern und wenden uns gen Osten. Im „lustigen Dorf" Bornheim, seit 1877 nach Frankfurt eingemeindet, wird es gerade im oberen Bereich der Berger Straße so richtig eng und gemütlich. Dort findet man den ehemaligen Ratssitz, der gleichzeitig Wohnhaus und Amtssitz des Bürgermeisters war, eine fast schon moderne Lösung im Sinne von Work-Life-Balance. Das eher gedrungene barocke Gebäude begeistert vor allem mit seiner reich geschnitzten Haustür, vielleicht die schönste Frankfurter Pforte überhaupt.

19: 50.1448, 8.726811
Rathaus Seckbach
Hofhausstraße 2
Baujahr: 1542

Auch Seckbach, neben Sachsenhausen das zweite Frankfurter Äppelwoi-Epizentrum, kann mit einem eigenen Rathaus glänzen. Die Ähnlichkeit mit den Rathäusern in Bad Vilbel und Bergen ist sicherlich kein Zufall, entstanden die drei Amtssitze doch alle Mitte des 16. Jahrhunderts innerhalb weniger Jahre. Das Seckbacher Rathaus wurde nach einem großen Ortsbrand komplett neu errichtet und diente im Erdgeschoss als Gerichtsstätte.

20: 50.155329, 8.753941
Rathaus Bergen
Marktstraße 39
Baujahr: 13. Jahrhundert, 1520 bis 1530, 1704

Und zum Finale geht es ganz in den Osten Frankfurts. Dort liegt an der Hohen Straße, dem West-Ost-Highway des Mittelalters, das erst 1977 eingemeindete Bergen-Enkheim, das sich insbesondere im Ortsteil Bergen seinen ländlichen Charme bewahrt hat. Im Mittelalter konnte Bergen mit Stadtmauer, einer kleinen Wasserburg, Gerichtssitz und Marktrechten glänzen, und auch das Rathaus blickt auf eine lange Geschichte zurück. Die Gerichtshalle im Erdgeschoss entstand im 13. Jahrhundert, die übrigen Geschosse wurden zu Beginn des 16. Jahrhunderts im Stil der Spätrenaissance aufgestockt und als Krönung kam 1704 ein kleines Dachreiterchen dazu. Derzeit kann man das Spilhus genannte Fachwerk-Schmuckstück wegen erheblicher Bauschäden leider nur eingerüstet bewundern, und auch das Heimatmuseum ist bis auf Weiteres geschlossen.

Route F: Häuserschau Teil 3 – Fachwerkidylle in Frankfurt

Exkurs 3:

Drinnen und draußen

Reste der alten Stadtbefestigung

Stadtmauer, Warten, Rententurm, Eschenheimer Turm, Kuhhirtenturm, Affentor

Dass sich die reiche Kaufmanns- und Messestadt über die Jahrhunderte weg mit einer soliden Stadtmauer schützte, ist ja eigentlich selbstverständlich. Dabei lassen sich drei Phasen unterscheiden. Die noch zu Zeiten der Königspfalz im Jahr 838 von Ludwig dem Frommen, Sohn Karls des Großen, in Auftrag gegebene Mauer zwischen Braubachstraße und Mainufer hatte nicht allzu lange Bestand, war doch hier Frankfurt auf Miniaturgröße gedacht. So wurde in Reaktion auf die erste Boomzeit Frankfurts ab 1180 die Stadtfläche vervielfacht und eine halbrunde Befestigungsmauer errichtet. Die sieben Meter hohe Bruchsteinmauer mit Wehrgang ist vor allem in der Nähe der Konstablerwache an der sogenannten Staufenmauer erhalten geblieben, diente sie doch dort auch in späteren Jahren noch als Brandmauer und entging deshalb dem Abriss. Jüngsten Forschungen zufolge sind Teile des aufgehenden Mauerwerks der Staufenmauer vermutlich aus dem 18. Jahrhundert, geben aber trotzdem einen guten Eindruck des früheren Aussehens.

1 Eschenheimer Turm
2 Staufenmauer
3 Friedberger Warte
4 Eschenheimer Tor
5 Galluswarte

Die nächsten Stadterweiterungen erfolgten ab 1333 unter Kaiser Ludwig IV., der Frankfurt auch drei Jahre zuvor mit dem Messeprivileg ausgestattet hatte. So entstand – vom heutigen Anlagenring umschlossen – die Neustadt als Erweiterung der in den staufischen Mauern liegenden Altstadt. Nach Frankfurt führten fünf Tore, von denen heute nur noch das Eschenheimer Tor erhalten ist, auf den ca. 8 Kilometern Mauerlänge standen 40 Türme, auch die Sachsenhäuser Seite wurde erstmal befestigt und da kamen noch mal weitere zehn Türme dazu. Im Dreißigjährigen Krieg wurde dieser Mauerring dann noch vom Festungsbaumeister Johann Wilhelm Dilich als Sternschanzenfestung ausgebaut – für die Stadt ein teures Vergnügen mit eher fragwürdigem militärischen Nutzen.

Exkurs 3: Reste der alten Stadtmauer

Zumindest war die Stadtbefestigung Ende des 18. Jahrhunderts für die französischen Truppen Napoleons kein ernstzunehmendes Hindernis, so dass auf Geheiß der Besatzer ab 1806 die Befestigung geschleift wurde. Außer dem Eschenheimer Tor wurden dabei alle Stadttore abgerissen und mit klassizistischen Repräsentationsportalen ersetzt, von denen nur das 1810/1811 von Stadtbaumeister Hess entworfene Sachsenhäuser Affentor erhalten blieb. Die freigewordene Fläche von Stadtmauer und Befestigungsanlagen wurden dafür als Englischer Landschaftspark umfunktioniert. Seit 1827 sind diese Parkanlagen durch das Wallservitut geschützt, so dass man auch heute noch die City komplett im Grünen umrunden kann. Die eindrucksvollsten Reste der Stadtbefestigung findet man mit dem ehemaligen Allerheiligen- oder Judenbollwerk in der Nähe des ursprünglich als Löschwasserbecken gedachten Rechneigrabenweihers in der Obermainanlage.

Noch einmal ein Schritt zurück ins späte Mittelalter: Nach der vernichtenden Niederlage Frankfurts gegen die Ritter von Kronberg im

Jahr 1389 war am Main die Erkenntnis gereift, dass man neben der Stadtmauer auch noch ein militärisches Frühwarnsystem brauchte, damit die Frankfurter Soldaten schneller aus den Federn kommen. Gesagt, getan, und so wurde die Landwehr erbaut, ein Hecken-Graben-System mit insgesamt mindestens vier Warttürmen an den größten nach Frankfurt führenden Handelsstraßen, und zwar die Friedberger, Bockenheimer, Gallus- und Sachsenhäuser Warte. Ob die nur noch in Überresten sichtbare sogenannte Affensteiner Warte auf dem Campus Westend ein weiterer Wartturm oder nur ein Eiskeller war, darüber streiten noch die Gelehrten. Ergänzt wurde die Landwehr durch mehrere Wehrhöfe, von denen nur die Riederhöfe an der Hanauer Landstraße und der Kühhornshof auf dem Gelände des Hessischen Rundfunks noch in Spuren erkennbar sind. Kein Teil der Frankfurter Landwehr und dennoch ein wichtiger Schauplatz der Stadthistorie ist die Berger Warte auf dem mit 212 Metern höchsten Punkt Frankfurts. Erbaut in der Mitte des 16. Jahrhunderts, war dieser Beobachtungsposten zwar im Besitz der Hanauer Grafen, aber für den Handelsverkehr auf der Hohen Straße nach Osten hin der äußerste Punkt für Frankfurter Geleitschutz. Auch manche Truppen der Kaiserwahlkandidaten lagerten hier brav vor den Toren Frankfurts, bevor sie nach erfolgreicher Wahl dann auch rein durften. Daran erinnert auch die aus dem Jahr 1790 stammende Leopoldsäule zu Ehren der Wahl des vorletzten in Frankfurt gekrönten deutschen Kaisers.

1 Leopoldsäule
2 Berger Warte
3 Riederhöfe
4 Bockenheimer Warte
5 Sachsenhäuser Warte
6 Kuhhirtenturm

Route G

Route der Erinnerung – Teil 2
Zu Besuch bei den Toten

FUSSSTRECKE: Wegpunkte 1 bis 18; ca. 3 km
UMGEBUNG: Hauptfriedhof
START- UND ENDE: U-Bahn-Haltestelle „Deutsche Nationalbibliothek"

EXTENDED MIX: Wegpunkte 19 bis 32
RAD- ODER FUSSSTRECKE: Zusätzliche Streckenlänge ca. 7 km
START: U-Bahn-Haltestelle „Deutsche Nationalbibliothek"
ENDE: Bus-Haltestelle „Südfriedhof West"

Wo liegt der schönste Park Frankfurts? Ich hoffe, niemand hält mich für einen morbiden Gothic-Fan, aber da liegt der Frankfurter Hauptfriedhof ganz weit vorne. Vor knapp 200 Jahren im Juli 1828 eröffnet, wurde er seitdem ständig erweitert und bedeckt in citynaher Lage eine gigantische Grundfläche von 70 Hektar, umgerechnet also ungefähr 140 Fußballplätze! Im Kern vom Architekten Friedrich Rumpf und dem Wallanlagen-erfahrenen Stadtgärtner Sebastian Rinz als englischer Park der Erinnerung gestaltet, wird das Areal von 70 Kilometern Wegstrecke durchzogen und bietet die vielleicht persönlichste Form, 200 Jahre Frankfurter Leben und Geschichte auf sich wirken zu lassen. Mehr als 900 Gräber stehen unter Denkmalschutz, und gerade im alten Teil finden sich einige wunderschöne Skulpturen des 19. und beginnenden 20. Jahrhunderts, sodass hier auch Kunstfans voll auf ihre Kosten kommen. Einzelne Gräber auf dem Riesengelände zu finden kann zwar eine zeitraubende Schnitzeljagd werden, aber vielleicht helfen ja die Geokoordinaten für die kleine Routenauswahl schon weiter. Also planen Sie ein bisschen Zeit vorzugsweise an einem sonnigen Herbsttag ein, oder nehmen Sie an einer der Führungen über den Hauptfriedhof teil, die regelmäßig von den Frankfurter Stadtevents oder einmal jährlich im September zum Tag des Friedhofs angeboten werden.

1: 50.1325518, 8.6843739

Altes Portal
Eckenheimer Landstraße 188-190
Künstler: Friedrich Rumpf, Johann Nepomuk Zwerger
Entstehungsjahr: 1828

Unsere Tour beginnt in der Südwestecke des Hauptfriedhofs am Alten Portal schräg gegenüber der Deutschen Natioanalbibliothek. Voll im klassizistischen Zeitgeschmack der 1820er-Jahre schuf hier Stadtbaumeister Rumpf einen antikisierenden Portalbau mit monumentalen dorischen Säulen. Die geflügelten Engelchen auf dem Giebel stammen von Städelprofessor Zwerger. Im Gebäude war ursprünglich auch das Leichenhaus untergebracht, und sogar an einen Raum zur Wiederbelebung hatte man gedacht.

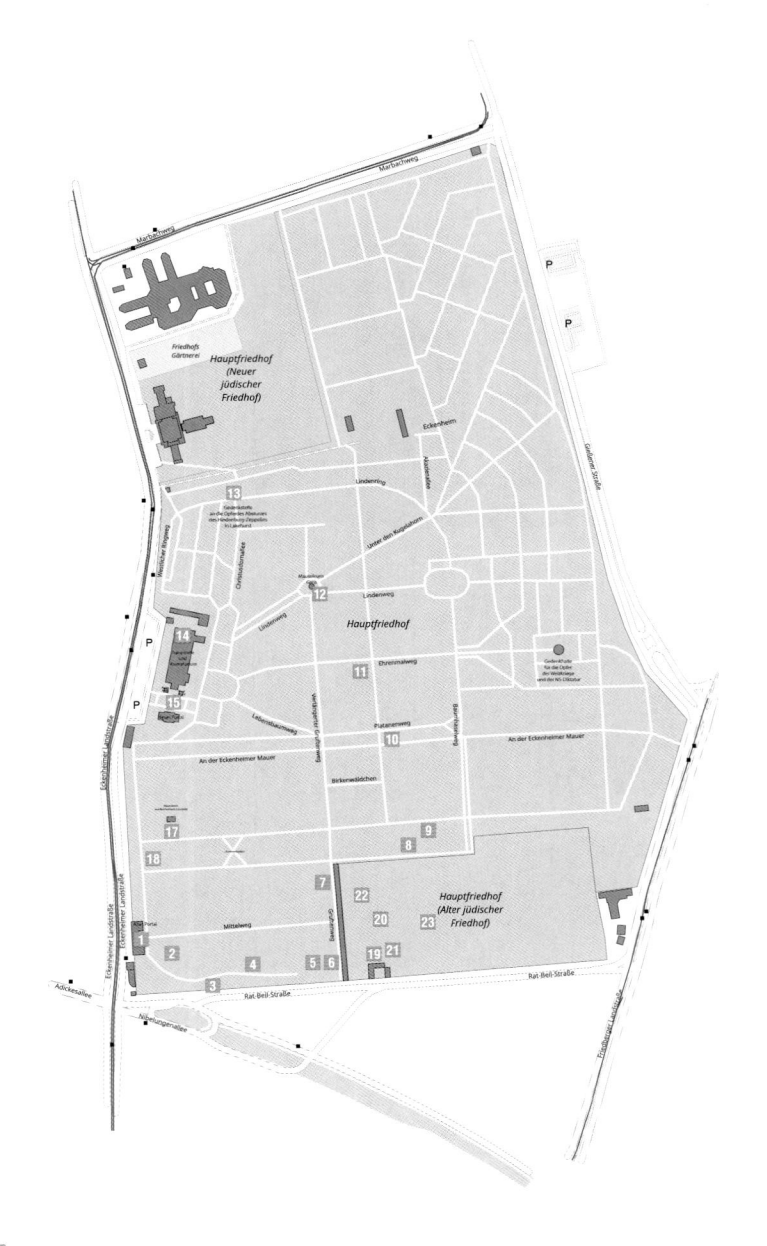

104 Route G: Route der Erinnerung Teil 2 – Zu Besuch bei den Toten

2: 50.1324075, 8.6850291
Johann Franz von Miquel
Gewann D 297
Künstler: Augusto Varnesi
Entstehungsjahr: 1903

Gleich rechts hinter dem Eingang befindet sich das Grab des ehemaligen Frankfurter Oberbürgermeisters und späteren preußischen Finanzministers Johann Franz von Miquel (1828-1901). Varnesi schuf hier in Jugendstilformen eines der bemerkenswertesten Denkmäler des Hauptfriedhofes.

3: 50.1318799, 8.6857964
Carl Constanz Victor Fellner
Gewann D: An der Mauer 164
Künstler: Heinrich Petry
Entstehungsjahr: 1874

Einer tragischen Gestalt der Stadtgeschichte, nämlich dem letzten Bürgermeister der Freien Stadt Frankfurt, ist dieses Grab gewidmet. Nach dem Einmarsch der Preußen im Jahr 1866 wurde Frankfurt als einer der Verlierer des Deutschen Krieges zur Provinzstadt degradiert und musste darüber hinaus auch noch irrwitzige Reparationssummen an die neuen Herren abdrücken. Zu viel für den zunächst noch kooperationswilligen Fellner, der sich daraufhin vor seinem Haus in der Friedberger Anlage erhängte. Dort in der Nähe der Zeil findet sich auch noch eine Ehrenplatte zu Fellners Gedenken.

4: 50.132084, 8.6869653
Familie von Guaita
Gewann C 8
Künstler: Eduard Schmidt von der Launitz
Entstehungsjahr: 1852

Die ursprünglich aus Italien stammende Kaufmannsfamilie stellte mit Georg Friedrich von Guaita (1772-1851) einen der wenigen katholischen Bürgermeister von Frankfurt, der immerhin sechs Mal wiedergewählt wurde. Er und seine Familie wurden in diesem an italienische Renaissance erinnernden Tabernakelgrab beigesetzt. Das Grab mit seinem beeindruckenden Skulpturenschmuck stammt von dem stadtbekannten Thorvaldsen-Schüler Schmidt von der Launitz, der unter anderem auch das Gutenbergdenkmal schuf.

5: 50.132106, 8.688454
Franz Xaver Winterhalter
Gewann C 123/124
Künstler: Oskar Sommer, Gustav Kaupert
Entstehungsjahr: ca. 1877

Der „Fürstenmaler" Franz Xaver Winterhalter, der in seinem Leben fast die gesamte europäische Adelssippe in verblüffend lebendigem Altmeister-Stil porträtiert hatte, verstarb 1873 als 68jähriger in Frankfurt an Typhus. Den klassizistischen Engel schuf der „Deutschrömer"-Bildhauer Kaupert, das Grabmal selbst wurde vom Städel-Architekt Sommer entworfen.

6: 50.132041, 8.688927

Gruftenhalle

Am Ostende der Gewanne C und B/Gruft 57
Künstler: Friedrich Rumpf
Entstehungsjahr: 1828

Die klassizistische Gruftenhalle entstand 1828 gemeinsam mit Altem Portal nach Plänen von Rumpf. Die Kolonnade mit 55 Arkaden und 57 Grüften, die den Friedhof ursprünglich im Osten begrenzte, sollte den zunächst unbeliebten Standort gerade bei wohlhabenden Frankfurter Familien sympathischer machen. Die Eckpavillons am Süd- und Nordende hatten außerdem begehbare Dächer, um nach dem Friedhofsbesuch noch den tollen Taunusblick zu genießen. Dennoch ging der Verkauf der Grüfte im 19. Jahrhundert eher schleppend voran, nicht zuletzt wegen des strengen Aromas, außerdem wurden die Arkaden in den späten 1850er-Jahren sogar zur Prostitution genutzt. In die Gruft Nummer 57 direkt am Südende kann man reingucken, wenn auch nur durch ein verschlossenes Metalltor, da die Grabstätte der Familien Behrends und Manskopf in den 1970er-Jahren geschändet wurde. Im Innern überrascht ein spätklassizistischer Marmor-Kuppelbau mit Lichtloch und Sternenhimmel, in der Mosaiknische steht ein Marmorengel von Friedrich Christoph Hausmann aus dem Jahr 1902.

7: 50.133510, 8.688780
Gruft der Familie von Bethmann und Bethmann-Hollweg
Am Nordostende des Gewann B/Gruft 1
Künstler: unter anderem Bertel Thorvaldsen, Eduard Schmitt von der Launitz
Entstehungsjahr: ab 1828

In die Grüfte hinein kommt man eher selten und das gilt natürlich auch für den nördlichen Eckpavillon. Wer sich an das Metallgitter mit Engeln nicht herantraut, kann die prominenteste Skulptur des Hauptfriedhofs seit 1977 auch ohne Störung der Totenruhe im Liebieghaus bewundern. Zum Gedenken an Johann Philipp Bethmann-Hollweg, als gerade mal 21jähriger 1812 bei einem Florenz-Trip verstorben, wurden beim klassizistischen Star-Bildhauer Thorvaldsen drei Reliefplatten in Auftrag gegeben, für die sich der Meister aber knapp 20 Jahre Zeit ließ ... wie so viel beschäftigte Künstler manchmal halt sind. Das dreiteilige Denkmal zeigt links die trauernde Familie und rechts den florentinischen Flussgott Arno, während auf der Mitteltafel dem Toten vom jüngeren Bruder der Eichenkranz gereicht wird und ein Trauergenius Mohnkapseln bereithält. Die an antike Vorbilder erinnernden Reliefs gehören zu Thorvaldsens stärksten Arbeiten. Vor Ort in der Gruft wurden Gipsabgüsse angebracht, Original ist aber die Büste der 1831 verstorbenen Mutter Susanne Elisabeth Bethmann-Hollweg von Eduard Schmitt von der Launitz.

8: 50.1337757, 8.6906116
Dr. med. Alois Alzheimer
Gewann J: An der Mauer 447a
Künstler: Eugen Klimsch, J. Hössbacher
Entstehungsjahr: nach 1915

Der Gehirnpathologe Alois Alzheimer (1867-1915) war über 14 Jahre lang als Arzt in der Frankfurter „Irrenanstalt" auf dem Gelände des heutigen Campus Westend beschäftigt. Dort behandelte er ab 1901 auch die Frankfurterin Auguste Deter, der erste dokumentierte Fall der nach dem Arzt benannten Hirnkrankheit. Der Entwurf zu der Grabstele wurde von Klimsch bereits 1901 gefertigt.

9: 50.1341097, 8.6909249
Friedrich Stoltze
Gewann J 306
Künstler: J. Hössbacher
Entstehungsjahr: 1892

Auch der Frankfurter Mundartdichter und Freiheitskämpfer hat gemeinsam mit seiner Ehefrau Marie seinen festen Platz auf dem Hauptfriedhof. Seine Kinder gaben das Neorenaissance-Grabmal in Auftrag. Auf dem Sockel eingemeißelt stehen die erste und fünfte Strophe aus Stoltzes Gedicht „Im Mai" aus dem Jahr 1880, das der berühmte Stadtpoet aus Anlass des frühen Todes seines ebenfalls Friedrich genannten Lieblingssohns verfasst hatte.

10: 50.1353093, 8.6899658
Familie Adolf Gans
Gewann I: An der Mauer 31-33
Künstler: Fritz Klimsch
Entstehungsjahr: 1912, 1913

Der Industrielle Adolf Gans (1842-1912) war Mitinhaber des Cassella-Unternehmens, eines Chemie- und Pharmamultis mit Wurzeln in der Frankfurter Judengasse. Die zu beiden Seiten einer Urne knieenden Frauenfiguren zwischen Jugendstil und Neoklassizismus sind das Werk von Fritz Klimsch, dem bekanntesten Mitglied der Frankfurter Künstlerfamilie.

11: 50.136368, 8.6893753
Käthe und Johann Kellermann
Gewann I 265
Künstler: Ernst Rittweger
Entstehungsjahr: 1910

Ob die Kellermanns besonders wichtig waren? Zumindest erinnert an die Eheleute einer der schönsten Grabsteine des Hauptfriedhofs. Ernst Rittweger (1869-1944) aus dem Umfeld der Städelschule (1869-1944) bediente sich bei seiner trauernden Frauenfigur wie Kollege Klimsch aus Elementen von Jugendstil und Klassizismus, und das Ergebnis würde sich auch in jeder Skulpturensammlung gut ausmachen.

12: 50.1373841, 8.6881838
Mausoleum Gans
Gewann IV 1
Künstler: Friedrich Christoph Hausmann
Entstehungsjahr: 1909

Das Mausoleum steht am Ende des Lindenwegs an einem der schönsten Plätze des Areals. Ursprünglich 1909 erbaut für den Großindustriellen und Kunstmäzen Friedrich Ludwig von Gans, wurde das Gebäude 1932 vom Verein für Feuerbestattung übernommen. Vorbild für Städelschulprofessor Hausmann war der in Rom vom Baumeister Bramante rund um das Jahr 1500 erbaute Tempietto im Klosterhof von San Pietro in Montorio, eine der architektonischen Sternstunden der italienischen Hochrenaissance.

13: 50.1389073, 8.6866229
Gemeinschaftsgrabstätte von sieben Opfern des verunglückten Luftschiffs Hindenburg
Gewann XV 697
Künstler: Carl Stock
Entstehungsjahr: 1937 bis 1939

Einem der folgenschwersten Unglücke der zivilen Luftfahrt ist dieses Denkmal gewidmet. Schließlich war der Transatlantikflug der Hindenburg von Frankfurt aus in Richtung Lakehurst gestartet, und sieben der insgesamt 35 Todesopfer des am 6. Mai 1937 verbrannten Luftschiffs waren Frankfurter. Der Frankfurter Bildhauer Carl Stock orientierte sich in seinem Ehrenmal an der plastischen Monumentalästhetik der Nationalsozialisten.

15: 50.1358756, 8.6852998
Adam
Gewann III: Neues Portal
Künstler: Georg Kolbe
Entstehungsjahr: 1921, 1977

Er steht auf dem Rasen-Oval so, als hätte er da schon immer hin gehört, und doch ist die von Kolbe geschaffene Adam-Skulptur eigentlich ein „eingeplackter" Dresdener. Die überlebensgroße, mitsamt Sockel vier Meter hohe Statue war ursprünglich gedacht für das Mausoleum des Odol-Fabrikanten Karl August Lingner in Dresden, wurde dann aber vom Städel erworben, das den Koloss im Jahr 1989 als Open-Air-Dauerleihgabe auf den Hauptfriedhof bringen ließ.

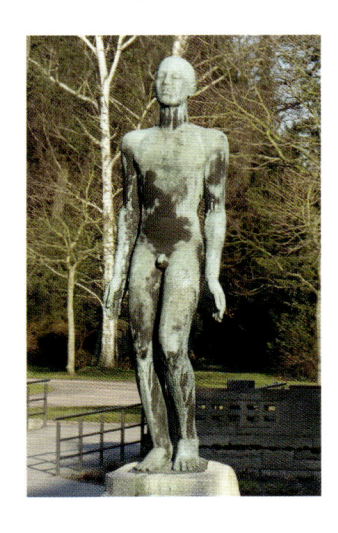

14: 50.1359977, 8.6852766
Trauerhalle
Gewann IV: Neues Portal
Künstler: Heinrich Reinhardt, Georg Süßenguth
Entstehungsjahr: 1909

Gut 80 Jahre nach der Eröffnung des Hauptfriedhofs war es zu Beginn des 20. Jahrhunderts dringend notwendig, die logistischen Strukturen an die von ca. 35.000 Frankfurtern im Jahr 1800 auf über 400.000 Bürger angewachsene Stadt anzupassen. Dazu dienten Neues Portal und die angrenzenden Verwaltungsgebäude: Die 1909 von den Berliner Architekten Reinhardt und Süßenguth geschaffene Trauerhalle mit Tempelfassade, Leichenhalle und Krematorium ist immer noch ein mehr als imposanter Baukomplex. Das über 30 Meter hohe neoklassizistische Kuppelgebäude erinnert außen an das Grabmal Theoderichs des Großen in Ravenna und an frühe florentinische Renaissance. Im Innern verblüfft ein prunkvolles Jugendstil-Interieur, das in den Jahren 1992 bis 1994 vorbildlich restauriert wurde.

Route G: Route der Erinnerung Teil 2 – Zu Besuch bei den Toten

16: 50.1342223, 8.6849908

Grabkapelle
Mausoleum von Reichenbach-Lessonitz

Gewann F 1
Künstler: Friedrich Maximilian Hessemer, Eduard Schmidt von der Launitz, Johann Nepomuk Zwerger
Entstehungsjahr: 1843 bis 1845

Rund um die Geschichte dieses Mausoleums hing eine ganze Weile lang der kurfürstliche Familiensegen des Hauses Hessen-Kassel ganz schön schief. Emilie von Reichenbach-Lessonitz, Mätresse und spätere zweite Ehefrau des Kurfürsten Wilhelm II. von Hessen-Kassel, war beim Volk ungefähr so beliebt wie heutzutage Camilla Parker Bowles, was den Kurfürsten letztlich dazu bewegte, zu Gunsten seines Sohnes unfreiwillig abzudanken. So zog das Pärchen ins Exil nach Frankfurt. Als dann Emilie 1843 an einer Leberentzündung starb, gab der Kurfürst a.D. bei Hessemer ein Mainsandstein-Mausoleum in neuromanisch/gotischem Stil in Auftrag. Der Sarg mit der Gräfin auf der linken Seite stammt von Eduard Schmidt von der Launitz und wurde um 1863 fertiggestellt. Aus dessen Werkstatt stammt auch der Scheinsarg des Kurfürsten, da Wilhelm II. selbst in Hanau beerdigt ist, heiratete er doch nach Emilies Tod noch ein drittes Mal. Ansonsten finden sich im Mausoleum weitere Särge der von Reichenbach-Lessonitz-Sippschaft und ein Kruzifix von Zwerger.

20: 50.1324877, 8.6897329
**Jüdischer Friedhof
Innen**

Auf 75.000 Quadratmetern wurden bis 1928 knapp 40.000 Gräber angelegt, darunter viele künstlerisch und geschichtlich wertvolle Grabsteine. Die sprichwörtliche Enge zwischen den Reihen macht die Orientierung zu einem spannenden Unterfangen, aber drei Stationen seien doch ans Herz gelegt:

21: 50.1324877, 8.6897329

Die prachtvollen Grabsteine fünf wichtiger Mitglieder der mächtigen Bankiersfamilie von Rothschild in der Nähe des Eingangsportals (von rechts Freifrau Louise 1820-94, Hannah Louise 1850-92, Freiherr Mayer Carl 1820-86, Freifrau Mathilde 1832-1924 und Freiherr Wilhelm Carl 1828-1901).

22: 50.1332084, 8.6894007

Etwas weiter nördlich der wohl bekannteste jüdische Maler Frankfurts, Professor Moritz Daniel Oppenheim (1800-1882)

23: 50.1327942, 8.6902157

sowie der für die Entwicklung Frankfurts im späten 19. Jahrhundert eminent wichtige Verleger, Bankier, Politiker und Mäzen Leopold Sonnemann (1831-1909).

24: 50.116814, 8.684154

Peterskirchhof
Zwischen Stephanstraße und Bleichstraße

Der Peterskirchhof ist der älteste noch erhaltene christliche Friedhof Frankfurts, in dem von 1418 an über 400 Jahre lang Bestattungen vorgenommen wurden, bevor er im Jahr 1828 wegen völliger Überbelegung endgültig geschlossen und der Hauptfriedhof eröffnet wurde. In großen Teilen überbaut oder zerstört, sind heute noch ungefähr 40 Prozent der Fläche erhalten. Zwischendrin völlig heruntergekommen und einer der räumlichen Schwerpunkte der offenen Drogenszene, wird in den vergangenen Jahren das historische Erbe Frankfurts hier mit kleinen Schritten wieder in ein besseres Licht gerückt. Unter der privat betriebenen Internetseite www.peterskirchhof.de kann man tief in die Geschichte dieses lange Zeit vergessenen Ortes eintauchen.

25: 50.116802, 8.684824

Elisabeth Goethe (Frau Aja)
Schulhof der Liebfrauenschule

Johann Wolfgang hat es ja vorgezogen, nach Weimar zu ziehen und wurde dort auch beerdigt, seine Eltern liegen aber hier auf dem Peterskirchhof. Mitten auf dem Schulhof der Liebfrauenschule ist die Gedenkstätte für seine Mutter Katharina Elisabeth Goethe, geborene Textor (1731-1808) zu finden, auch besser bekannt als „Frau Aja". Die alteingesessene Frankfurterin war knapp 50 Jahre lang die gute Seele im Goethehaus, dem berühmten Familiensitz im Großen Hirschgraben. Sie wurde nicht gemeinsam mit ihrem Ehemann, den sie um 26 Jahre überlebte, sondern im Familiengrab der Textors beigesetzt.

26: 50.1169837, 8.6833535

Johann Caspar Goethe

Auch der Vater des Dichterfürsten, Johann Caspar Goethe (1710-1782) ist auf dem Peterskirchhof zu finden, ein vielseitig interessierter, wohlhabender Jurist und Kaiserlicher Rat, der allerdings im Vergleich zu seiner auch heute noch angesehenen Ehefrau ein gewisses Imageproblem hat, haftet ihm doch die Rolle eines spaßbefreiten strengen Menschen an.

27: 50.1173454, 8.6834219
Noe Du Fay

Das prunkvollste Grab des Peterskirchhof befindet sich in der Nordwestecke für die aus dem Wallonischen kommende Tuchhändler-Dynastie des Noe Du Fay. Das 1675 entstandene Grabdenkmal zeigt die Einflüsse des italienischen Barock am Main und entstammt der Werkstatt des gebürtigen Schweizer Bildhauers Johann Wolfgang Fröhlicher.

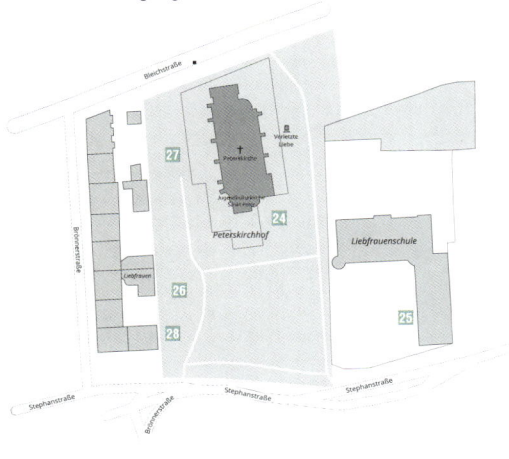

28: 50.1167914, 8.6833916
Simon Moritz von Bethmann

Und auch Bankier, Diplomat und Kunstmäzen Simon Moritz von Bethmann (1768-1826), der zwischen Odeon und Bethmännchen auch in diesem Buch schon mehrfach in Erscheinung getreten ist, hat hier seine letzte Ruhe gefunden. Das 1751 noch zu Lebzeiten für ihn und seinen Bruder Johann Philipp gefertigte Grabmal, das ursprünglich deutlich mehr plastischen Schmuck hatte, entwarf der Frankfurter Bildhauer Johann Aufmuth und steht direkt rechts neben dem ebenfalls eindrucksvollen Grabaltar des Tuchhändlers Rudolf Emanuel Passavant aus dem Jahr 1696.

Route G: Route der Erinnerung Teil 2 – Zu Besuch bei den Toten

29: 50.1126392, 8.6902059
Alter Jüdischer Friedhof
Battonnstraße 2

Die frühesten Grabsteine auf dem jüdischen Friedhof am Börneplatz stammen aus dem Jahr 1272, somit gehört er zu den ältesten in Europa. In direkter Nachbarschaft zum Ghetto in der Judengasse bot er Platz für 7.000 Gräber auf engstem Raum bis zur Eröffnung des Nachfolgers 1828 in der Rat-Beil-Straße. Unter den Nazis wurden 1942 die meisten Grabplatten zu Bruchstein zertrümmert. Die heute noch sichtbaren Steinhügel sind beredtes Zeugnis dieser Grabschändungen, ca. 2.000 Grabmäler blieben aber erhalten. Den Schlüssel für das Törchen erhält man nebenan im Museum Judengasse.

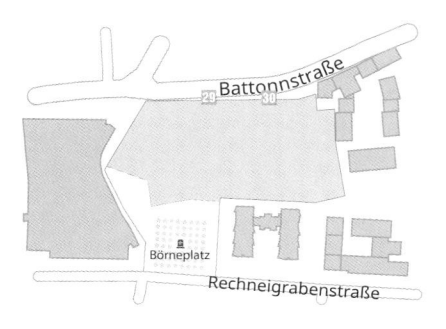

30: 50.1126506, 8.690692

Anne Frank

Künstler: Hirsch, Lorch und Wandel
Entstehungsjahr: 1995, 1996

Als Teil der Gedenkstätte Börneplatz wurden an die 286 Meter lange Außenmauer des Friedhofes insgesamt 11.915 Stahlblöcke angebracht, die zu den Frankfurter Opfern des Nazi-Regimes Name, Geburts- und Todestag wie auch Deportationsort benennen – eine eindrucksvolle künstlerische Inszenierung des Holocaust-Wahnsinns. Dort findet man unter den überwiegend alphabetisch (von Ost nach West) sortieren Opfernamen auch den kleinen Gedenkstein für Annelies Frank (1929-1945), der berühmten Tagebuch-Autorin.

31: 50.0907977, 8.6918058

Südfriedhof
Portal / Trauerhalle

Darmstädter Landstraße 229
Künstler: Stadtinspektor Koch, Jakob Lieblein
Entstehungszeit: 1885 - 1891, 1896

Seit 1868 ist der an der Sachsenhäuser Warte gelegene Südfriedhof das Pendant zum Hauptfriedhof für Sachsenhäuser Bürger. Die Portalbauten samt Trauerhalle in einer Mischung aus florentinischem Barock, byzantinischen Einflüssen und Neoklassizismus kamen erst in den 1890er-Jahren dazu, wurden im zweiten Weltkrieg zerstört und 1950 wieder aufgebaut.

32: 50.0914507, 8.6923036
Oskar Sommer
Gewann A 310, 311
Künstler: Friedrich Sander
Entstehungszeit: 1894

Für den Architekten des Städels (1840-1894) war es irgendwie logisch, dass sich auch das Grabmal Renaissanceformen bedient. Das Medaillonrelief stammt im Übrigen von Louise Schmick.

33: 50.09166095, 8.6937547
Ehrenhain für die Gefallenen des Deutsch-Französischen Krieges 1870–1871
Gewann A
Künstler: Franz Krüger
Entstehungszeit: 1883

Last but not least: Auch wenn Kriegsdenkmälern manchmal ein ziemlich unangenehmer Pathos anhaftet, ist diese Monumentalskulptur des Frankfurter Bildhauers Franz Krüger, den Sie ja auch von Römer und Alte Oper kennen, eines der schönsten spätklassizistischen Bildwerke in Frankfurt und nimmt deshalb im südlichen Teil des Gewanns A einen herausragenden Platz ein. Ob Sie die Dame nun aber für Germania oder Victoria halten, bleibt ganz Ihnen überlassen.

QUELLENVERZEICHNIS

- Brockhoff, Evelyn (Hrsg): Archiv für Frankfurts Geschichte und Kunst – Von der Steinzeit bis in die Gegenwart – 8.000 Jahre städtebaulicher Entwicklung in Frankfurt am Main (Institut für Stadtgeschichte, Societäts-Verlag, 2016)
- Backhaus, Fritz / Gross, Raphael / Kößling, Sabine / Wenzel, Mirjam (Hrsg.): Museum Judengasse – Die Frankfurter Judengasse (Katalog zur Dauerausstellung, Verlag: C. H. Beck, 2016)
- Gerteis, Walter: Das Unbekannte Frankfurt Band 1 bis 3 (Verlag Frankfurter Bücher, 1960)
- Heuser, August / Kloft, Matthias Th. : Der Frankfurter Kaiserdom – Geschichte Architektur Kunst (Verlag: Schnell + Steiner, 2006)
- Kramer, Waldemar (Hrsg.): Frankfurt-Lexikon (Verlag: Waldemar Kramer, 1960)
- Kramer, Waldemar (Hrsg.): Kostbarkeiten im Stadtbild von Frankfurt am Main (Verlag: Waldemar Kramer, 1967)
- Landesamt für Denkmalpflege Hessen: denkxweb – Kulturdenkmäler in Hessen (http://denkxweb.denkmalpflege-hessen.de/)
- Lohne, Hans: Mit offenen Augen durch Frankfurt (Verlag: Waldemar Kramer, 1969)
- Lücke, Elisabeth: Frankfurt am Main – Rundgänge durch die Geschichte (Sutton Verlag, 2008)
- Meinert, H.: Frankfurts Geschichte (Verlag: Waldemar Kramer 1958)
- Meinert, H. / Derlam, Th.: Das Frankfurter Rathaus – Seine Geschichte und sein Wiederaufbau (Verlag: Waldemar Kramer, 1953)
- Moos, Günter (Hrsg.): Wegweiser zu den Grabstätten bekannter Persönlichkeiten auf Frankfurter Friedhöfen (Pfeiffer-Druck & Verlag, 2003)
- Petereit, Norbert: Der Römer, das Alte Rathaus und sein Fassadenschmuck (Freundeskreis Liebenswertes Frankfurt, 2002)
- Picard, Tobias: Frankfurt in frühen Farbdias 1936 bis 1943 (Sutton-Verlag, 2011)
- Schneider, Konrad: Der Frankfurter Adler (Institut für Stadtgeschichte, Henrich Druck und Medien GmbH, 2011)
- Schomann, Heinz: Kaisergalerie / aus der Reihe: Die bibliophilen Taschenbücher (Harenberg Kommunikation, 1981)
- Setzepfandt, Wolf-Christian, Frankfurt am Main - Architekturführer (Dietrich Reimer Verlag Berlin, 3. Auflage 2002)
- Stadt Frankfurt am Main, Denkmalamt: Notizen zum Denkmalschutz, 17 Faltblätter (kostenfrei im Denkmalamt erhältlich, siehe auch http://www.frankfurt.de/sixcms/detail.php?id=19893287)
- Stadt Frankfurt am Main, Denkmalamt – Der Stadtkonservator: Denkmaltopographie – Der Frankfurter Hauptfriedhof eBook (Henrich Editionen)
- Stadt Frankfurt am Main, Kulturamt: Kunst im öffentlichen Raum Frankfurt (http://www.kunst-im-oeffentlichen-raum-frankfurt.de/de/page0.html)
- Stadt Frankfurt am Main, Presse- und Informationsamt: Frankfurt präsentiert: Der Römer (Stadt Frankfurt am Main, 2005)
- van der Krogt, René & Peter: Statues - Hither & Thither (Eine inzwischen europaweite private Internet-Sammlung zu Bauplastiken, Statuen und Denkmälern im öffentlichen Raum, http://vanderkrogt.net/statues/town.php?webpage=ST&t=Frankfurt%20am%20Main&p=F)
- Wustmann, Silke / Gilardone, Marc: Frankfurt Bolongaro-Palast / Bau- und Kulturdenkmale 109 (Verlag Ausbildung + Wissen GmbH,1999)

Natürlich verdankt dieses Buch viele Infos dem Internet, vor allem der freien Enzyklopädie Wikipedia und der Suchmaschine Google. Obenstehende Quellen wurden ebenfalls zu Rate gezogen und können auf den Geschmack gekommenen Frankfurt-Fans von Herzen empfohlen werden, sind aber teilweise nur noch antiquarisch erhältlich.